組み合わせ自由自在

作りおき おかず 374

食のスタジオ 編

西東社

作りおき、始めてみる?

クタクタに疲れた日でも、冷蔵庫を開けると、好きなおかずがすぐに食べられる。
おかずの作りおきをしておくと、毎日の献立作りが驚くほどラクになります。
「1回でどれくらいの量を作ったらいいの?」「おかずの選び方がわからない!」
この本では、そんな疑問や悩みを解決。作りおきを取り入れれば、生活がグッとラクになるでしょう。
さあ、作りおき、始めてみませんか?

CONTENTS

組み合わせ自由自在 作りおきおかず 374

- 2　作りおき、始めてみる？
- 8　作りおきって、こんなに便利！！
- 10　献立作りのお悩みは、この本で解決できる！
- 12　4タイプのおかずで、ラクラク作りおき
- 14　これで完ペキ！まとめ作りの組み合わせ方
- 16　まとめ作り派の1WEEK
- 18　これで完ペキ！ちょこちょこ作りおき
- 19　ちょこちょこ作り派の1WEEK
- 20　まとめ作りの段取り
- 22　作りおきおかずの保存方法
- 24　この本の使い方

この本のきまり

- 小さじ1は5mℓ、大さじ1は15mℓ、1カップは200mℓです。炊飯器用の1合は180mℓです。
- しょうゆは濃い口しょうゆ、だし汁はかつおと昆布の合わせだしを使っています。水溶き片栗粉は、片栗粉1:水2を混ぜ合わせたものを使っています。
- 材料の分量は、ほとんどが4～5人前です。一部、作りやすい分量の料理もあるので、ご確認ください。
- 乾物をもどす、下味をつけてしばらくおく、冷ます、漬ける、味をなじませるなど、放置する時間は含みません。
- 電子レンジの加熱時間は600Wをめやすにしています。500Wの場合は、加熱時間を1.2倍にしてください。
- オーブン、オーブントースター、電子レンジの加熱時間はめやすです。メーカーや機種によって異なる場合があるので、様子を見ながら調整してください。
- 冷蔵、冷凍の保存期間は、めやすです。食品の扱いに気をつけ、食べる前に、必ず状態を確認しましょう。
- 冷蔵、冷凍の保存期間は、「キープOK！」で保存した日数も含みます。また、一度冷凍した食材の再冷凍は避けてください。

メインおかず

鶏もも肉
- 26　油淋鶏／チキンカチャトラ
- 27　チキンのハニーレモン／鶏肉のBBQ照り焼き
- 28　チキンのピザ焼き／鶏とこんにゃくのきんぴら
- 29　鶏肉のピーナッツバター焼き／チキンのクリーム煮

鶏むね肉
- 30　鶏のおかかパン粉焼き／鶏とごぼうのポン酢あえ
- 31　鶏肉の甘酢あん／鶏ハム
- 32　青のりチーズピカタ／チキンのエスカベッシュ
- 33　鶏肉とピーマンのカシューナッツ炒め／グリルチキン

鶏ささみ
- 34　鶏ささみのマヨ七味焼き／ボリュームナムル
- 35　とり天／ささみのコンフィ

鶏手羽先
- 36　ごまみそチキン／手羽先の中華煮
- 37　手羽先揚げ名古屋風／手羽先の南蛮酢漬け

鶏手羽元
- 38　ココナッツカレー／手羽元のさっぱり煮
- 39　ヤンニョムチキン／手羽元と春雨のスープ煮

鶏ひき肉
- 40　フライパンのし鶏／ガパオそぼろ
- 41　きつね焼き／鶏団子

豚こま切れ肉
- 42　豚肉のごま団子／れんこんと豚こまの甘辛炒め
- 43　クーブイリチー／しそつくね
- 44　ポークチャップ／豚こまと厚揚げのガドガド
- 45　スタミナ塩から揚げ／豚とにんじんの細切りそぼろ

豚薄切り肉
- 46　肉豆腐／豚と根菜の煮もの
- 47　マヨミルフィーユカツ／豚しゃぶバンバンジー
- 48　速攻ステーキ／パプリカのチーズ巻き
- 49　なんちゃって豚角煮／豚肉のにんにく塩煮

豚しょうが焼き用肉
- 50　ピリ辛しょうが焼き／カレーポークのサルサソース
- 51　トンテキ／豚の竜田揚げ

豚ロースとんカツ用肉
- 52　ポークスティックのスイートチリ／すし酢酢豚
- 53　ひと口みそカツ／ポークソテー

豚バラかたまり肉
- 54 スピード回鍋肉／ポトフ
- 55 台湾風肉そぼろ／和風チャーシュー

豚ひき肉
- 56 ひき肉と春雨の炒め煮／トマトのチリコンカン
- 57 中華風卵焼き／麻婆あん

牛こま切れ肉
- 58 ごろっと青椒肉絲／牛肉のタイ風サラダ
- 59 トッカルビ／牛肉のすき煮

牛薄切り肉
- 60 クイックストロガノフ／牛肉と里いもの煮もの
- 61 れんこんと牛肉のバルサミコ炒め／プルコギ風肉炒め

牛かたまり肉
- 62 ミラノ風カツレツ／牛すじと大根のおでん
- 63 牛大和煮／牛の赤ワイン煮

合いびき肉
- 64 レンジキーマカレー／ロールキャベツ風煮込みハンバーグ
- 65 おかずチヂミ／フライパンミートローフ

ウインナー・ベーコン
- 66 ベーコンとパイナップルの黒こしょう焼き／ソーセージとじゃがいものサブジ風
- 67 ソーセージのイタリアンロール／ベーコンときのこのアヒージョ

鮭
- 70 鮭のみそ照り焼き／鮭のエスニックマリネ
- 71 鮭とじゃがいものオイル煮／鮭のオニオン漬け焼き

あじ
- 72 あじのトマトレモン煮／あじのカレー南蛮
- 73 あじのコンフィ／あじのリエット

ぶり
- 74 ぶりのしょうが照り焼き／ぶりと大根のコチュジャン煮
- 75 ぶりの角煮／ぶりのにんにく竜田揚げ

たら
- 76 たらのスイートチリ炒め／たらのレモンサラダ
- 77 たらのマスタードマヨ焼き／たらの塩昆布蒸し

めかじき
- 78 かじきの梅しそソテー／かじきとアスパラのオイスターソース炒め
- 79 かじきのカレームニエル／かじきの竜田揚げ

さんま
- 80 さんまの照り焼き山椒風味／さんまのごま焼き香味野菜あえ
- 81 さんまコロッケ／さんまのバジル焼き

さば
- 82 塩さばのピリ辛ねぎソース／さばの甘酢漬け
- 83 さば団子／焼きしめさば

いか
- 84 いかのわさびじょうゆ漬け焼き／いかとアスパラの塩にんにく炒め
- 85 いかと彩り野菜の南蛮漬け／いかのこっくり煮

えび
- 86 えびのケチャップ照り焼き／えびのれんこんはさみ焼き
- 87 えびのマスタードマリネ／えびのハーブグリル

ゆでだこ・貝類
- 88 たこのガリシア風／あさりとキャベツの酒蒸し
- 89 ほたてときのこの甘辛煮／たこのスパイシー揚げ

ツナ
- 92 ツナの青椒肉絲／ツナと白菜のミニ春巻き
- 93 ツナのラタトゥイユ／ツナのみそチーズ焼き

豆腐
- 94 トマト麻婆豆腐／カレー風味の炒り豆腐
- 95 豆腐の塩麹から揚げ／豆腐ハンバーグ

卵
- 96 コンビーフとさやえんどうの卵炒め／エスニックオムレツ
- 97 うずら卵の肉巻き／卵のきんちゃく煮

COLUMN
- 68 肉の下味冷凍
- 90 魚介の下味冷凍
- 98 道具選びでまとめ作りのお悩み解決

サブおかず

にんじん
- 100 にんじんの浅漬け風スティックサラダ／にんじんと大根の信田煮
- 101 にんじんしりしり／にんじんとしめじのきんぴら
- 102 オレンジキャロット／にんじんの刻み昆布煮
- 103 にんじんと厚揚げの土佐煮／にんじんとれんこんのすっぱ炒め

玉ねぎ
- 104 玉ねぎと生ハムのレモンサラダ／玉ねぎのおひたし
- 105 玉ねぎとささみのゆずこしょうあえ／玉ねぎの塩昆布蒸し
- 106 玉ねぎとカリフラワーのカレーマリネ／玉ねぎとしいたけの南蛮漬け
- 107 まるごと玉ねぎのトマト煮込み／玉ねぎとコンビーフの卵とじ

キャベツ
- 108 ミモザ風コールスロー／キャベツのたらこ炒め
- 109 キャベツと厚揚げのアラビアータ／キャベツのくるみみそあえ

ブロッコリー
- 110 つぶつぶブロッコリーポテサラ／ブロッコリーののりびたし
- 111 ブロッコリーとたこのペペロンチーノ／ブロッコリーのじゃこあえ

トマト・プチトマト
- 112 トマトの青じそマリネ／トマトのだし煮
- 113 トマトオムレツ／プチトマトのガーリックあえ

グリーンアスパラガス
- 114 アスパラとマカロニのサラダ／アスパラの白あえ
- 115 アスパラ肉巻きちくわ／アスパラの昆布漬け

なす
- 116 焼きなすのイタリアンマリネ／なすとパプリカのみそ炒め
- 117 なすのハーブカツ／なすのくるくる巻き

かぼちゃ
- 118 かぼちゃとさつまいものサラダ／かぼちゃもち
- 119 肉かぼちゃ／かぼちゃひじき炒め

ピーマン
- 120 ピーマンの塩昆布サラダ／まるごとピーマンのくたくた煮
- 121 ピーマンといかのオイスター炒め／ツナピーマン

パプリカ
- 122 パプリカとセロリのマリネ／パプリカとかぼちゃの揚げびたし
- 123 パプリカとかじきの香味炒め／パプリカと豆のごまマヨあえ

きゅうり
- 124 きゅうりと枝豆のサラダ／おつまみきゅうり
- 125 きゅうりと鶏の炒めもの／きゅうりのみそもみ

オクラ
- 126 オクラとたこのキムチサラダ／オクラとエリンギのカレー炒め
- 127 オクラ納豆きんちゃく／オクラのごまよごし

もやし
- 128 もやしの中華サラダ／もやしの佃煮
- 129 もやしの青じそつくね／もやしと豆苗のしょうがあえ

長ねぎ
- 130 焼きねぎのころころ焦がしマリネ／ねぎのとろとろ煮
- 131 ダッカルビ／長ねぎとわかめのぬた

大根
- 132 大根のレモンロールマリネ／大根のべっこう煮
- 133 コンソメ大根／バター大根きんぴら

かぶ
- 134 かぶとえびのすし酢マリネ／かぶと豚肉のしょうが焼き
- 135 かぶの塩麻婆／かぶの梅おかかマヨあえ

ほうれん草
- 136 ほうれん草のエスニックサラダ／ほうれん草としらたきのじゃこ炒め
- 137 ほうれん草とサーモンのカリカリキッシュ／ほうれん草とかにかまのナムル
- 138 ほうれん草のマスタードマリネ／ほうれん草とちくわのバターしょうゆ炒め
- 139 ほうれん草とツナのクリーム煮／ほうれん草のチーズあえ

小松菜

- 140 小松菜とキャベツのレモンマスタードマリネ／小松菜とパプリカのオイスター炒め
- 141 小松菜とほたての辛子酢みそあえ／小松菜のピーナッツあえ

水菜

- 142 水菜のゆずこしょうサラダ／水菜と切り干し大根の浅漬け
- 143 水菜と鶏肉のごまあえ／水菜とツナのマヨポンあえ

白菜

- 144 白菜のマリネ／白菜のとろみ炒め
- 145 白菜とベーコンのスープ煮／浅漬けゆず白菜

レタス

- 146 レタスの甘酢マリネ／レタスとわかめのナムル
- 147 レタスとベーコンのカレー煮びたし／塩もみレタス

ごぼう

- 148 たたきごぼうのゆずこしょうマリネ／きんぴらごぼう
- 149 ごぼうとささみの甘辛揚げ／ごぼうとにんじんのみそ漬け

れんこん

- 150 れんこんとひじきのごまサラダ／れんこんと鶏肉の炒め南蛮
- 151 れんこんとツナのカレー炒め／れんこんのピクルス

さつまいも

- 152 さつまいもとりんごのサラダ／さつまいもとベーコンのきんぴら
- 153 さつまいもと豚肉のハニーマスタード炒め／さつまいものレモン煮

じゃがいも

- 154 まろやかポテトサラダ／じゃがいもの甘辛みそがらめ
- 155 ジャーマンポテト／じゃがいものビネガー炒め

里いも

- 156 里いものたらこクリームサラダ／里いもの揚げだし
- 157 里いもと高野豆腐の煮もの／里いもの照り焼き

長いも

- 158 長いもの和風マリネ／長いもとオクラのだし漬け
- 159 長いもとベーコンのペッパー炒め／長いものレモンあえ

きのこ

- 160 エリンギの炒めマリネ／きのこといんげんのオイスターソース炒め
- 161 しめじとベーコンのバルサミコソテー／酒蒸し塩きのこ
- 162 きのこと豆のサラダ／たっぷりきのこと野菜のトマト煮
- 163 きのこと牛肉のしぐれ煮／きのこのバターしょうゆ

大豆・大豆製品

- 164 香ばし油揚げと水菜の和風サラダ／高野豆腐のコンソメ煮
- 165 ごまじゃこ大豆／厚揚げのにんにくおかか炒め

その他豆類

- 166 そら豆のハーブマリネ／グリーンピースの翡翠煮
- 167 ポークビーンズ／焼き枝豆

ひじき

- 168 ひじきの梅サラダ／ひじきの炒め煮
- 169 ひじきバーグ／ひじきのごまあえ

切り干し大根

- 170 切り干し大根のサラダ／切り干し大根の煮もの
- 171 切り干し大根のオムレツ／切り干しキムチ

昆布・わかめ

- 172 海藻ときゅうりのツナマリネ／刻み昆布のさっと煮
- 173 いわし昆布巻き／わかめともやしの中華炒め

こんにゃく・しらたき

- 174 刺身こんにゃくと長いもの中華マリネ／こんにゃくのピリ辛炒め
- 175 こんにゃくチャプチェ／しらたきのペペロンチーノ

春雨

- 176 バンサンスー／麻婆春雨
- 177 キャベツの春雨炒め／ヤムウンセン

- 178 野菜の冷凍ストック
- 180 ごはんの素レシピ
- 182 みそ玉・スープセットレシピ
- 184 たれ・ソースレシピ
- 186 たれ・ソース使い方一覧
- 187 作りおきおかずの食べ方

- 188 素材・タイプ別さくいん

作りおきって、こんなに便利!!

盛るだけで完成

これ、ぜんぶ作りおきです！

盛るだけ！！
パプリカとセロリのマリネ→P122

レンジでチン！
ごろっと青椒肉絲(チンジャオロースー)
→P58

お湯を注いで！
わかめと麩のみそ汁
→P182

もう1品欲しいときに便利

忙しいとき、献立にボリュームをプラスしたいときに

そら豆の
ハーブマリネ
→P166

たこの
ガリシア風
→P88

コンビーフと
さやえんどうの
卵炒め
→P96

お弁当作りもラクラク

そのまま詰めるだけ
ひじきのごまあえ
→P169

3分で
できちゃう

そのまま詰めるだけ
オレンジキャロット
→P102

レンジでチンして詰める
かじきとアスパラの
オイスターソース炒め
→P78

食材が使いきれる

安売りのとき
まとめ買い＆まとめ作りでオトクに

余りがちな
食材も使いきりできる

アレンジ自由自在

豚とにんじんの細切りそぼろ
→P45

丼にして

サラダに混ぜて

献立作りのお悩みは、この本で解決できる！

毎日の献立作りは本当に大変です。でもそのお悩み、この本で解決できるかもしれません。

お悩み 1
平日忙しくて料理をするのが大変……

 **まとめ作り**で平日ラクチン！

週末にまとめ作りをしておけば、平日のお弁当や夕飯がすぐに完成。4つのタイプを活用すれば、おかずの組み合わせにも困りません。
→ P14〜17

 作りおき   盛りつけてすぐにごはん

 いただきます

お悩み2
毎日の料理の手間を少しでも減らしたい……

⬇

解決 **作りおきおかずを上手に取り入れる**

毎日ちょこちょこ作りおきして、献立に取り入れると、手間がグッと減ります。
違うおかずにアレンジしていくと、より飽きずに食べられます。
→ P18〜19

（平日）1品作り足し

  ➡

その日の夕飯に

翌日のお弁当に

お悩み3
似たような料理ばかり作ってしまいます

⬇

解決 **4タイプ×味わいアイコンで
バリエーション広がる！**

4つのタイプ、味わいアイコンから、いつもと違うおかずがすぐに選べます。
ミニコラムのアレンジ、食材チェンジを活用しても便利です。
→ P12〜13

4タイプのおかずで、ラクラク作りおき

この本では、メインおかずとサブおかずを、それぞれ4タイプに分けています。
目的に合わせたおかずがすぐに引けて、とっても便利です。

メインおかずの4タイプ　P26〜97

メインおかずを作るときの目的に合わせて、4つのタイプに分けました。

スピード
15分以内に作れる
→まとめて大量に作ったり、時間がないときのお助けレシピ。

長持ち
4日以上日持ちする
→傷みにくい素材や味つけで作った、日持ちしやすいおかず。

ヘルシー
野菜たっぷり
→献立に取り入れると栄養バランスがととのう健康的なレシピ。

変身
シンプルレシピ
→そのままでもアレンジしてもおいしい、食べまわしの救世主。

サブおかずの4タイプ

P100〜177

何を作ったらよいか迷いがちなサブおかずは、ここから選ぶとラクチンです。

サラダ・マリネ
さっぱり箸休め
→さっぱりした野菜おかず。食感や味に変化が付くレシピ。

ボリューム
メインにもなる
→肉や魚、卵などが入った主菜にもなるがっつりおかず。

めしとも
ごはんに合う
→冷めてもおいしく、お弁当にもぴったりなおかず。

ラクラク
手間なくできる
→あと1品にぴったりなラクチンレシピ。

味わいでも選べる

献立の組み合わせのコツは、素材や味わいがかぶらないこと。
便利な味わいアイコンを活用して、献立を組み合わせる参考にしてください。

塩味　しょうゆ味　みそ味
さっぱり　こっくり　スパイシー
甘辛　甘酸っぱい　ピリ辛

この4タイプで、作りおきがラクラク！
⇨
次ページ

これで完ペキ！ まとめ作りの組み合わせ方

2人家族5日分のおかずの選び方（標準コース）

スピード　ヘルシー　長持ち　変身　・　サラダ・マリネ　めしとも　ボリューム　ラクラク
から **1品ずつ選ぶ**

⏱ 120分

【メインおかず】

スピード
チキンのピザ焼き
→ P28

ヘルシー
たらのレモンサラダ
→ P76

長持ち
いかと彩り野菜の南蛮漬け
→ P85

【サブおかず】

サラダ・マリネ
オレンジキャロット
→ P102

めしとも
切り干し大根の煮もの
→ P170

ボリューム
トマトオムレツ
→ P113

4つのタイプ スピード ヘルシー 長持ち 変身 と、
サラダ・マリネ めしとも ボリューム ラクラク から
バランスよく選べば、味・栄養・調理時間がちょうどよい、
1週間分の作りおきおかずができます。

人数別品数
4人の場合：4タイプから2品ずつ選ぶ
3人の場合：4タイプから1～2品ずつ選ぶ
1人の場合：メインおかず、サブおかずを2タイプずつ選ぶ

変身
豚とにんじんの細切りそぼろ
→P45

ラクラク
ブロッコリーのじゃこあえ
→P111

2人家族 5日分 平日も週末も忙しいときは
ラクラクコース
90分

とにかく忙しいときは、メインおかずはスピードを3～4品、サブおかずはラクラクを3～4品選ぶとラクチン。

【メインおかず】
スピード **3～4品**

人数別品数
4人の場合：6～8品
3人の場合：4～5品　1人の場合：2品選ぶ

【サブおかず】
ラクラク **3～4品**

人数別品数
4人の場合：6～8品
3人の場合：4～5品　1人の場合：2品選ぶ

2人家族 5日分 栄養バランスが気になるときは
ヘルシーコース
120分

メインおかずからヘルシーを3～4品、サブおかずからサラダ・マリネ、ボリュームを2～3品選ぶと栄養バランスが◎。

【メインおかず】
ヘルシー **3～4品**

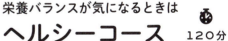

人数別品数
4人の場合：6～8品　3人の場合：4～5品
1人の場合：1～2品選ぶ

【サブおかず】
サラダ・マリネ **2～3品**

ボリューム **2～3品**

人数別品数
4人の場合：4～5品
3人の場合：2～3品　1人の場合：1品選ぶ

まとめ作り派の1WEEK

週末にまとめ作り！

調理時間 120分

① チキンのピザ焼き → P28
② たらのレモンサラダ → P76
③ いかと彩り野菜の南蛮漬け → P85
④ 豚とにんじんの細切りそぼろ → P45
⑤ オレンジキャロット → P102
⑥ 切り干し大根の煮もの → P170
⑦ トマトオムレツ → P113
⑧ ブロッコリーのじゃこあえ → P111

MON

チキンのピザ焼き（なし）

メインは半分食べて残りは冷凍。サブはさっぱり味のマリネと、オムレツでボリュームアップ。

- メイン ①
- サブ ⑤
- サブ ⑦

TUE

たらのレモンサラダ（なし）

肉を食べた次の日は魚を食べるとバランスGood！水けの出やすいオムレツは、早めに食べきって。

- メイン ②
- サブ ⑦
- サブ ⑧

週末にまとめて作る人の1週間食べまわしモデルを紹介します。
※標準コース（P14）でまとめ作りした場合

WED	THU	FRI
豚とにんじんの そぼろ丼　10分	オムライス　15分	いかと彩り 野菜の南蛮漬け　20分
そぼろは丼にアレンジし、残りは冷凍。野菜たっぷりのサブおかずと組み合わせて。	冷凍しておいたチキンのピザ焼きを細かく刻んでチキンライスに。半熟卵をかければ、オムライスが完成！	長持ちするおかずはできるだけ週末にまわし、そぼろは解凍してポテトサラダに混ぜ込んで。
メイン ④を丼に	メイン ①をオムライスに	メイン ③
＋	＋	＋
サブ ⑧	サブ ⑤	サブ ④をポテトサラダに
＋	＋	＋
サブ ⑥	サブ ②	サブ ⑥

ARRANGE

これで完ペキ！
ちょこちょこ作りおき

毎日1〜2品ずつ作りおいていくと、毎回の献立作りがラクになります。

2人家族5日のおかずの選び方

メイン、サブを毎日1〜2品ずつ作り足す

人数別品数
4人の場合：毎日2品ずつ作る
3人の場合：毎日1〜2品ずつ作る
1人の場合：1日おきに2品ずつ作る

【メインおかず】

①

`スピード`
鮭のみそ照り焼き
→P70

②

`変身`
しそつくね→P43

【サブおかず】

③

`サラダ・マリネ`
にんじんの浅漬け風
スティックサラダ
→P100

④

`サラダ・マリネ`
ミモザ風
コールスロー
→P108

⑤

`ボリューム`
水菜と鶏肉の
ごまあえ
→P143

毎日ちょこちょこ取り入れるコツ

メインは変身を取り入れると、アレンジしやすく飽きない。
鶏ハム→P31

サブはボリュームを取り入れると、おかずが2品でも満足。
こんにゃくチャプチェ
→P175

ちょこちょこ作り派の 1WEEK

おかずを作り足していくことで、毎日の料理の手間がグッとラクに。
1週間の作り足し・食べまわしモデルを紹介します。

MON
鮭のみそ照り焼き
メイン、サブを作る
 25分

メイン ① 当日作る  ＋ **サブ** ③ 当日作る

TUE
しそつくね
サブは前日と同じおかず
20分

メイン ② 当日作る  ＋ **サブ** ③ 前日と同じおかず

WED
鮭のピリ辛みそ照り焼き
メインはちょい味かえ
 20分

メイン ①に七味唐辛子をふってピリ辛に 味かえ  ＋ **サブ** ⑤ 当日作る

THU
和風ロコモコ丼
火曜のメインをアレンジ
 20分

メイン ② ＋ごはん ＋水菜 ＋温泉卵 ARRANGE
和風ロコモコ
＋ **サブ** ④ 当日作る

FRI
お好み焼き
火曜のメインをアレンジ
サブは水曜と同じおかず
 10分

メイン ④ ＋豚肉 ＋お好み焼き粉 ＋水 ARRANGE
お好み焼き
＋ **サブ** ⑤ 水曜と同じおかず

まとめ作りの段取り

複数のおかずをまとめて効率よく作るポイントを紹介します。

POINT 1　食材はすべて出しておく

- 冷蔵庫を開け閉めするのは最小限に
- 調味料や調理道具も出しておく
- 食材は長時間放置しないこと

食材を探すたびに冷蔵庫を開け閉めすると、調理の流れが止まってしまい、時間のムダになります。その日に作る分すべての材料や調味料をそろえて出しておいて、一気に作業を進めると効率がアップします。

その日に作る分の食材をすべてそろえておくと、食材を探す時間が省けます。

POINT 2　調味料は合わせておく

味つけのとき、レシピを確認しながら調味料を量っていませんか？意外と時間がかかる上に、モタモタして料理に火が通りすぎてしまうこともあります。調理を始める前にまとめて量っておくと、調理がサクサク進みます。

おろしスプーンがあれば、にんにくやしょうがをすぐすりおろすことができて便利です。

料理番組のように、調味料や香味野菜をあらかじめ合わせておくと、すぐに使えて便利です。

おろしにんにく、おろししょうがのチューブを使っても。

POINT 3　工程ごとにまとめて作業

洗う、切る、ゆでるなどは工程ごとに作業を。　　切ったらどんどんバットに入れて、積み重ねて。

材料を洗う、切る、ゆでる、といった工程はまとめて一気に作業すると、効率がアップ。材料を切ったら、料理ごとにバットに分けて入れておくと、上に積み重ねられて、省スペースになります。

POINT 4　ゆでものは鍋を汚さないものから

食材をゆでるためのお湯を何度も沸かすのは、時間もかかるしガス代も気になるもの。たっぷり湯を沸かし、アクの少ない野菜→肉や魚介など、鍋を汚さない順にゆでると、調理器具を洗う回数が減ります。

肉などのアクの強いものは、アクの弱いものをゆでた後に。

POINT 5　加熱時間が長いものから始める

煮ものやオーブン料理、炊飯など、時間がかかるものは、優先して進めましょう。加熱している間に、他の調理を同時進行できます。

肉をオーブンで焼く間に…。　　野菜を刻んだり、ソースを混ぜたりして効率よく。

作りおきおかずの保存方法

なるべくおかずが空気に触れないように、ぴったりのサイズのものがおすすめ。さまざまな大きさのものを持っておくと便利です。

おすすめの保存容器

❶ ホーローバット
カレー、トマトソースなどの色がつきやすい料理でも、汚れが落ちやすいのが特長。オーブン調理やガスコンロにかけて加熱調理できますが、電子レンジ加熱はできません。

❷ プラスチックコンテナ
スーパーや100円ショップで入手でき、安価で手軽に使いやすいので、作りおきビギナーにおすすめ。そのまま電子レンジ加熱ができるので便利です。直火やオーブン調理はNG。

❸ 保存袋
冷蔵にも冷凍にも使えて、電子レンジ加熱も可能。省スペースで保存できます。何を入れたかわからなくなりがちなので、おかずの内容と日付はしっかり書いて。

❹ びん
ジャムなどの空きびんがあれば、洗ってとっておき、たれやソースの容器として活用しましょう。ピクルスや佃煮、サラダなどを入れてもよいでしょう。

保存の注意点

清潔な容器を使用
雑菌が繁殖しないように、容器は清潔なものを使いましょう。食品由来のアルコールスプレーなどで除菌をしても。

冷ましてから密閉
温かいうちに密閉すると、湯気が水滴に変わって雑菌が発生する原因になります。しっかり冷ましてから、清潔な箸やスプーンで取り分け、密閉して。

保存期間を守る
レシピにおかずの冷蔵・冷凍期間を記しています。めやすとして参考にし、状態を見ながら食べきるようにしてください。

冷蔵 4日 ／ 冷凍 1か月

冷蔵	冷凍

1 詰める

おかずを冷まし（ただし、夏は長時間放置は避ける）、清潔な箸で取り分け、保存容器に詰めます。容器はなるべくおかずの量にぴったりのものを選びましょう。

2 密閉する

酸化を防ぐため、おかずはなるべく空気に触れないように、しっかりと密閉しましょう。

3 日付・内容を書く

マスキングテープなどに、作った日付（または食べきる日付）を書いておきましょう。家族が食べるときのために、内容も書いておくとベター。

1 保存袋に入れる

清潔な箸で取り分け、冷凍用の保存袋に詰めます。しっかり冷ましてから詰めないと、霜がつきやすくなるので注意。ラップに包んでから保存袋に入れると、さらに安心。

2 密閉する

冷凍焼けを防ぐため、空気を抜きながら密閉します。肉だねなどは、箸などですじをつけておくと、必要な分だけ折って解凍できます。

3 日付・内容を書く

どんなに記憶力に自信があっても、冷凍すると、中身がわからなくなりがちなので、しっかり日付と内容を書いておきましょう。

この本の使い方

この本は、前半はメインおかず、後半はサブおかずのレシピで構成しています。
おかずを自由自在に組み合わせできるしくみになっています。

タイプ別に選べる（P12参照）　　キープ　素材・料理の保存

味わいで探せる（P13参照）　　❸ コラム　　　　❸ コラム

---

❶ 途中でキープOK！

食材を下ごしらえした状態でキープできるものは、保存期間を紹介しています。時間があるときに準備しておくと、調理がとてもラクになります。

❶の状態で保存
- 冷蔵 **2**日
- 冷凍 **1**か月

❷ 保存について

素材の保存

 食材が長持ちする冷蔵方法を紹介しています。

 食材が長持ちする冷凍方法を紹介しています。

料理の保存

 おかずの冷蔵・冷凍保存期間のめやすです。

❸ ミニコラムを活用して

 食材チェンジ
材料を変更した場合の分量を紹介します。

 ポイント
料理のポイントを紹介します。

 アレンジ
アレンジ・リメイクのアイデアを紹介します。

メインおかず

肉類・魚介類・豆腐・卵

ボリュームたっぷり！みんな満足のメインおかずの章です。

メインおかずの4タイプ

スピード　長持ち　ヘルシー　変身

メインおかず

鶏もも肉

きれいなピンク色で、汁けの出ていないものを選んで。臭みの元となる余分な脂肪は取り除き、肉縮みを防止するために、すじは除き、大きめに切るのがコツ。

スピード

カラッと揚げ焼きにして、たれをかけるだけ

油淋鶏（ユーリンチー）

材料（4〜5人分）
- 鶏もも肉 ………… 2枚（500g）
- A しょうゆ、酒 … 各大さじ1
- B 長ねぎ（みじん切り）… 1/3本分
  - しょうが（みじん切り） ………… 1片分
  - ポン酢しょうゆ … 大さじ3
  - 砂糖、ごま油 … 各小さじ1
- 片栗粉 ………… 大さじ3
- サラダ油 ………… 適量

作り方（15分）
1. 鶏もも肉は余分な脂肪とすじを除いて、ひと口大のそぎ切りにして、Aを順にもみ込む。
2. フライパンにサラダ油を高さ3cmほど入れて中火で熱し、1の鶏肉に片栗粉をまぶして入れ、カラッと揚げ焼きにする。
3. 2に混ぜ合わせたBをかける。

キープOK！

1の状態で保存
- ■ 冷蔵 2日
- ■ 冷凍 1か月

冷蔵 3日 ／ 冷凍 1か月　さっぱり

ヘルシー

具だくさんの煮込み料理

チキンカチャトラ

材料（4〜5人分）
- 鶏もも肉 ………… 2枚（500g）
- ピーマン ………… 4個
- 玉ねぎ ………… 1個
- A 塩 ………… 小さじ1
  - こしょう ………… 少々
- オリーブ油 ………… 大さじ3
- 白ワイン ………… 60mℓ
- カットトマト（缶詰）…… 400g
- 水 ………… 200mℓ

作り方（30分）
1. 鶏もも肉は余分な脂肪とすじを除いて、ひと口大に切ってAをまぶす。ピーマンは種を除いてひと口大の乱切りに、玉ねぎはみじん切りにする。
2. 鍋にオリーブ油を中火で熱し、1の鶏肉を入れて、両面こんがりと焼き目をつける。玉ねぎを加えて炒め、香りが立ったら、白ワインを加えて煮つめる。
3. カットトマト、分量の水を加えて中火で8〜10分煮て、鶏肉に火が通ったら、ピーマンを加え3分ほど煮る。塩、こしょう各少々（分量外）で味を調える。

🍳 アレンジ
ゆでたパスタとあえる。具を増やしてラタトゥイユ風にしても。

冷蔵 3日 ／ 冷凍 1か月　こっくり

素材をおいしく保存するには

 冷蔵 保存：**2**日程度
- ラップでぴっちりと包み、保存袋に入れて。臭みの元となる脂肪と、肉縮みの原因になるすじを除き、使いやすい大きさに切り分けて保存しておくと便利。

 冷凍 保存：**1**か月程度
- 脂肪とすじを除き、使いやすい大きさに切り分けて保存袋に入れる。パサつきを防ぐため、酒少々をふるとよい。

長持ち

レモンとはちみつで甘酸っぱく
チキンのハニーレモン

材料（4～5人分）
- 鶏もも肉 ……… 2枚（500g）
- **A** 塩 ……………… 小さじ1
   溶き卵 …………… 1個分
- **B** 小麦粉、片栗粉
   ………………… 各大さじ2
- サラダ油 ……………… 適量
- **C** レモン汁、はちみつ、水
   ………………… 各大さじ3
- 水溶き片栗粉 ……… 大さじ1
- 粗びき黒こしょう …… 適量

作り方（30分）
1. 鶏もも肉は余分な脂肪とすじを除いて、ひと口大に切り、**A**、**B**の順にもみ込む。
2. フライパンにサラダ油を高さ3cmほど入れて中火で熱し、**1**の鶏肉を入れて、カラッと揚げ焼きにする。
3. 小鍋に**C**を入れて中火で煮立て、水溶き片栗粉を加えてとろみをつける。
4. **3**を**2**の鶏肉にかけて、粗びき黒こしょうをたっぷりふる。

冷蔵 **4**日 ｜ 冷凍 **1**か月　**甘酸っぱい**

変身

マーマレードで甘辛＆ジューシー
鶏肉のBBQ照り焼き

材料（4～5人分）
- 鶏もも肉 ……… 2枚（500g）
- 小麦粉 ………………… 適量
- サラダ油 …………… 大さじ1
- 水 …………………… 大さじ2
- **A** マーマレードジャム
   ………………………… 大さじ4
   しょうゆ、酒 …… 各大さじ2
   砂糖 …………………… 小さじ1

作り方（15分）
1. 鶏もも肉は余分な脂肪とすじを除き、身側に浅く切り込みを入れ、全体に薄く小麦粉をまぶす。
2. フライパンにサラダ油を強火で熱し、**1**を皮目から入れ、両面カリッと焼く。
3. フライパンの余分な油をふき取り、分量の水を加えて、ふたをして4～5分弱火で蒸し焼きにして、火を通す。
4. **3**に合わせた**A**を加えて、照りが出るまで煮からめ、食べやすく切る。

🍳 **アレンジ**
サンドイッチ用のパンやバンズにはさんでサンドイッチに。サラダやピザのトッピングにも。

冷蔵 **3**日 ｜ 冷凍 **1**か月　**甘辛**

メインおかず（鶏もも肉）

スピード

冷蔵 3日 ｜ 冷凍 1か月
こっくり

チーズをのせてこんがり焼いて

チキンのピザ焼き

材料（4〜5人分）
- 鶏もも肉 …… 2枚(500g)
- ピーマン …… 1個
- 玉ねぎ …… 1/4個
- ピザ用チーズ …… 70g
- 塩 …… 小さじ1/2
- こしょう …… 少々
- オリーブ油 …… 大さじ1/2
- A ┃ トマトケチャップ …… 大さじ3
  ┃ ポン酢しょうゆ …… 小さじ1

作り方（15分）
1. 鶏もも肉は余分な脂肪とすじを除いて、身側に5mm間隔で浅く切り込みを入れる。皮目には包丁の先で数か所穴をあけ、塩、こしょうをふる。
2. ピーマンは種を除いて薄い輪切りに、玉ねぎは薄切りにする。
3. フライパンにオリーブ油を中火で熱し、1の鶏肉を皮目から焼く。焼き目がついたら返して、軽く火を通す。
4. 再度返して、身側に合わせたAを塗る。玉ねぎ、チーズ、ピーマンをのせてふたをし、チーズが溶けるまで、弱火で蒸し焼きにする。

 アレンジ
細かく刻んでオムライスやナポリタンの具に。衣をつけて揚げてチキンカツに。

ヘルシー

冷蔵 3日 ｜ 冷凍 1か月
甘辛

ボリュームもうまみもたっぷり

鶏とこんにゃくのきんぴら

材料（4〜5人分）
- 鶏もも肉 …… 2枚(500g)
- こんにゃく …… 100g
- しめじ …… 1パック
- にんじん …… 1/3本
- さやいんげん …… 8本
- 片栗粉 …… 適量
- ごま油 …… 大さじ1
- A ┃ しょうゆ …… 大さじ3
  ┃ 砂糖、酒、みりん …… 各大さじ1と1/2

作り方（20分）
1. 鶏もも肉は余分な脂肪とすじを除いて、ひと口大のそぎ切りにし、片栗粉を薄くまぶす。
2. にんじんは皮をむき、こんにゃくとともに5cm長さの棒状に切る。しめじは石づきを落としてほぐす。さやいんげんはすじを取り、3等分に切る。
3. フライパンにごま油を中火で熱し、1の鶏肉を炒める。色が変わったら、2のこんにゃく、にんじん、しめじを加えて炒め合わせる。
4. Aを加えて煮汁がなくなるまでいり煮にし、さやいんげんを加えてさっと煮る。

ポイント
さやいんげんは火を通しすぎると、日が経ったときに歯ざわりが悪くなるので、さっと煮て。

鶏肉のピーナッツバター焼き

ピーナッツバターの食感がポイント

材料（4～5人分）

鶏もも肉 ………… 2枚(500g)
塩、こしょう ………… 各少々
A ピーナッツバター（チャンクタイプ）………… 大さじ4
　　しょうゆ、酒、砂糖 ………… 各大さじ1

作り方（20分）

1. 鶏もも肉は余分な脂肪とすじを除いて、ひと口大に切り、塩、こしょうをふる。
2. アルミホイルに**1**を皮目を上にして並べて、オーブントースターで5分ほど焼き、焼き色がついてきたら、合わせた**A**を塗り、こんがりするまで焼く。

長持ち

ポイント
途中で焦げそうになったら、アルミホイルをかぶせて焼く。

キープOK!
1の状態で保存
- 冷蔵 **2**日
- 冷凍 **1**か月

冷蔵 **4**日 ／ 冷凍 **1**か月　　**甘辛**

チキンのクリーム煮

牛乳とバターでやさしい味わい

材料（4～5人分）

鶏もも肉 ………… 2枚(500g)
玉ねぎ ………… 1個
塩 ………… 小さじ2/3
こしょう ………… 少々
A 牛乳 ………… 400ml
　　コンソメスープの素（顆粒）………… 小さじ1
バター ………… 20g
小麦粉 ………… 大さじ2

作り方（20分）

1. 鶏もも肉は余分な脂肪とすじを除いて、ひと口大に切り、塩、こしょうをまぶす。玉ねぎは1cm幅に切る。**A**はよく混ぜておく。
2. フライパンにバターを中火で熱し、鶏肉を焼く。色が変わったら玉ねぎを加えて炒め合わせる。小麦粉を加えて、粉っぽさがなくなるまで炒める。
3. **A**を100ml加えてしっかりかき混ぜ、だまがないようになじませたら、残りを少しずつ加えて溶きのばす。すべて加えたら、とろみがつくまで5～8分煮る。

変身

アレンジ
ごはんにのせて、チーズをかけて焼き、ドリア風に。パスタにからめても。

冷蔵 **3**日 ／ 冷凍 **1**か月　　**こっくり**

メインおかず

鶏むね肉

表面に光沢があり、透明感があるものを選びましょう。臭みの元となる余分な脂肪は取り除き、厚みを均一にすると調理しやすいです。

スピード

にんにくマヨで格別なおいしさ
鶏のおかかパン粉焼き

材料（4～5人分）

- 鶏むね肉 …… 2枚（400g）
- 塩 …… 小さじ1
- こしょう …… 少々
- A マヨネーズ …… 大さじ2
-   おろしにんにく …… 1/2片分
- B パン粉 …… 大さじ6
-   かつお節 …… 3g
-   オリーブ油 …… 大さじ2

作り方（15分）

1. 鶏むね肉は余分な脂肪とすじを除いて、観音開きにして、塩、こしょうをふる。
2. アルミホイルに1を皮目を下にして並べて、合わせたAを塗り、その上に合わせたBをのせる。
3. オーブントースターで鶏肉に火が通るまでこんがりと焼き、食べやすく切る。

冷蔵 3日 / 冷凍 1か月　こっくり

ポイント
途中で焦げそうになったら、アルミホイルをかぶせて焼く。

ヘルシー

ノンオイルでさっぱりヘルシー
鶏とごぼうのポン酢あえ

材料（4～5人分）

- 鶏むね肉 …… 2枚（400g）
- ごぼう …… 1/3本
- ゆで枝豆（冷凍・さやから出す） …… 80g
- A 塩 …… 小さじ1
-   酒 …… 大さじ1
- B 塩昆布 …… 10g
-   ポン酢しょうゆ …… 大さじ2
-   白すりごま …… 大さじ1

作り方（15分）

1. 鶏むね肉は余分な脂肪とすじを除いて、皮を除いて、身が厚いところに切り目を入れて広げる。ごぼうは皮をこそげ落としささがきにして、水にさらす。
2. 1の鶏肉、汁けをきったごぼうを耐熱容器に入れてAをふり、ラップをして電子レンジ（600W）で5分ほど加熱する。そのまま冷まし、鶏肉は手で食べやすい大きさに裂く。
3. ボウルに2、ゆで枝豆を入れ、Bを加えて混ぜ合わせる。

冷蔵 3日 / 冷凍 ×　さっぱり

ポイント
鶏むね肉は薄く広げることで、短時間で火が通りやすくなる。

素材をおいしく保存するには

冷蔵 保存：**2**日程度
- ラップでぴっちりと包み、保存袋に入れて。皮が不要であれば除き、使いやすい大きさに切って保存する。

冷凍 保存：**1か月程度**
- 脂肪が少ない分パサつきやすいので、酒少々をふるか、下味をつけて保存袋に入れて冷凍庫へ。

フライパンで甘酢がかんたんにできる
鶏肉の甘酢あん

材料（4～5人分）
- 鶏むね肉 ……… 2枚（400g）
- 長ねぎ ……………… 1/4本
- **A** 塩、しょうがの絞り汁 …… 各小さじ1
- サラダ油 …………… 適量
- 片栗粉 …………… 大さじ3
- **B** 水 ………………… 250mℓ
  - 鶏がらスープの素（顆粒） …… 小さじ1/2
  - 酒、砂糖、酢、トマトケチャップ …… 各大さじ2
  - しょうゆ、片栗粉 …… 各大さじ1

作り方（20分）
1. 鶏むね肉は余分な脂肪とすじを除いて、ひと口大のそぎ切りにして、**A**をからめる。長ねぎは白髪ねぎにしておく。
2. フライパンにサラダ油を高さ3cmほど入れて中火で熱し、**1**の鶏肉の汁けをきって、片栗粉をまぶして入れ、両面カラッと揚げ焼きにする。
3. 別のフライパンに、混ぜ合わせた**B**を入れて中火にかけ、とろみがついたら**2**にかけて、白髪ねぎをのせる。

長持ち　冷蔵 **4**日／冷凍 **1**か月　**甘酸っぱい**

はちみつを使ってふっくらやわらか
鶏ハム

材料（4～5人分）
- 鶏むね肉 ……… 2枚（400g）
- **A** 塩 …………… 小さじ1
  - こしょう ………… 少々
  - はちみつ ……… 小さじ2
  - 酒 …………… 大さじ1

作り方（20分）
1. 鶏むね肉は余分な脂肪とすじを除いて、観音開きにし、ラップではさみ、めん棒でたたいて2倍の大きさに広げる。
2. 鶏肉に**A**を順にもみ込んで、2本の棒状に巻いて、ラップでキャンディー包みにする。
3. 耐熱容器にのせ、ラップの上からつま楊枝で、1本につき8か所穴をあける。電子レンジ（600W）で途中返しながら10～12分加熱し、ラップのまま冷ます。

アレンジ
角切りにしてコブサラダ、細かく切って中華サラダやあえもの、スープの具などに。

変身　冷蔵 **3**日／冷凍 **1**か月　**塩味**

メインおかず（鶏むね肉）

スピード

冷蔵 3日 | 冷凍 1か月　こっくり

卵の衣でしっとり長持ち
青のりチーズピカタ

材料（4～5人分）
鶏むね肉 ……… 2枚（400g）
粉チーズ ………… 大さじ2
小麦粉 ……………… 適量
サラダ油 ………… 大さじ2
A 溶き卵 …………… 2個分
　青のり ………… 小さじ1/2

作り方（⏱15分）
1. 鶏むね肉は余分な脂肪とすじを除いて、1枚を6等分のそぎ切りにし、真ん中に切り込みを入れる。切り込みの間に粉チーズをふって、小麦粉を全体に薄くまぶす。
2. Aは混ぜ合わせて卵液を作り、1の鶏肉をくぐらせる。
3. フライパンにサラダ油を弱めの中火で熱し、2の鶏肉を、両面こんがりと焼く。卵液が余ったら、焼く途中に、鶏肉にからめながら焼く。

 ポイント
鶏むね肉は薄く広げることで、短時間で火が通りやすくなる。

ヘルシー

冷蔵 4日 | 冷凍 1か月　さっぱり

甘酢がしみ込んだ頃がおいしい！
チキンのエスカベッシュ

材料（4～5人分）
鶏むね肉 ……… 2枚（400g）
玉ねぎ …………………… 1/2個
にんじん ………………… 1/4本
にんにく（みじん切り）… 1片分
A 塩 ……………… 小さじ1
　小麦粉 ………… 大さじ3
オリーブ油 ……… 大さじ2
B 酢、白ワイン …… 各50ml
　砂糖 …………… 大さじ2
粗びき黒こしょう ……… 少々

作り方（⏱20分）
1. 鶏むね肉は余分な脂肪とすじを除いてそぎ切りにし、Aをまぶす。玉ねぎは薄切りに、にんじんは皮をむいてせん切りにする。
2. フライパンにオリーブ油大さじ1を熱し、1の鶏肉を中火でこんがりと焼いて、取り出す。
3. 同じフライパンにオリーブ油大さじ1を中火で熱し、玉ねぎ、にんじん、にんにくを炒める。香りが立ったら、合わせたBを加えてひと煮立ちさせ、火を止めて2にかける。粗びき黒こしょうをふり、さっくりと混ぜる。

 食材チェンジ
鶏むね肉2枚 ➡ 生鮭4切れ、またはめかじき4切れ

カシューナッツでコクをプラス
鶏肉とピーマンのカシューナッツ炒め

材料（4〜5人分）

鶏むね肉	大1枚（300g）
ピーマン	2個
カシューナッツ	60g
玉ねぎ	1/2個
しょうが（薄切り）	1片分
A 塩	小さじ1/4
こしょう	少々
片栗粉	大さじ1
サラダ油	大さじ3
水	50mℓ
B しょうゆ、酒、オイスターソース、砂糖	各大さじ2

作り方（20分）

1. 鶏むね肉は余分な脂肪とすじを除いてひと口大角に切って、**A**をもみ込んで、片栗粉をまぶす。
2. ピーマンは種を除き、玉ねぎとともに2cm角に切る。
3. フライパンにサラダ油を中火で熱し、1の鶏肉を炒める。色が変わったら、しょうが、玉ねぎを加えて炒め合わせ、分量の水を加えて煮立てる。
4. **B**を加えてよく混ぜ、ピーマン、カシューナッツを加えて、強火で水分をとばすように炒める。

長持ち

冷蔵 5日 ／ 冷凍 1か月　　甘辛

シンプルだから使い勝手バツグン
グリルチキン

材料（4〜5人分）

鶏むね肉	2枚（400g）
にんにく	1片
ハーブソルト	小さじ1
こしょう	少々
オリーブ油	大さじ3
水	大さじ2

作り方（20分）

1. 鶏むね肉は余分な脂肪とすじを除いて全体の厚みを均等にして、両面にハーブソルト、こしょうをふり、5分ほどおく。
2. フライパンにオリーブ油、包丁の腹でつぶしたにんにくを入れて、弱火にかける。
3. 香りが立ったら、1の鶏肉の汁けをふき、皮目を下にして、フライパンに入れ、フライ返しで押しつけながら中火で焼く。
4. 焼き目がついたら返して軽く焼き、分量の水を加えてふたをし、5分ほど弱火で蒸し焼きにして、火を止める。そのまま5分ほどおいて、食べやすく切る。

変身

冷蔵 3日 ／ 冷凍 1か月　　塩味

アレンジ

細かく切って、グラタンやパスタ、サンドイッチの具に。卵でとじても。

メインおかず

鶏ささみ

きれいなピンク色で、汁けの出ていないものを選んで。肉縮みの原因となるすじは取り除き、酒をふって蒸したり、油と一緒に調理して、パサつきを防いで。

スピード

冷蔵 3日 / 冷凍 1か月　ピリ辛

マヨネーズで時間が経ってもしっとり
鶏ささみのマヨ七味焼き

材料（4〜5人分）

- 鶏ささみ……… 6本(240g)
- 塩、酒…………… 各少々
- A マヨネーズ…… 大さじ4
   黒いりごま…… 小さじ2
   しょうゆ、七味唐辛子
   　………… 各小さじ1/2

作り方（15分）

1. 鶏ささみはすじを除き、真ん中に切り込みを入れて開き、塩、酒をふる。
2. アルミホイルに、サラダ油少々（分量外）を塗り、1を並べる。
3. ささみに、混ぜ合わせたAを塗り広げ、オーブントースターでこんがりと焼く。

食材チェンジ
鶏ささみ6本→鶏むね肉2枚、生たら4切れ、またはめかじき4切れ

ヘルシー

冷蔵 3日 / 冷凍 1か月　塩味

ごまとにんにくの風味が食欲をそそる
ボリュームナムル

材料（4〜5人分）

- 鶏ささみ……… 6本(240g)
- 小松菜……………… 1/2束
- A 酒……………… 大さじ2
   塩……………… 小さじ1/3
- B おろしにんにく‥1/2片分
   白すりごま、ごま油
   　………… 各大さじ1
   塩……………… 小さじ2/3

作り方（15分）

1. 鶏ささみはすじを除き、耐熱容器に入れてAをふり、ふんわりとラップをして電子レンジ（600W）で4〜5分加熱する。ささみの上下を返して、そのまま粗熱をとる。
2. 小松菜はさっとゆでてザルにあげ、粗熱がとれたら3cm長さに切って、しっかりと水けを絞る。
3. ボウルに1のささみを手で裂いて入れ、2、Bを加えてあえる。

食材チェンジ
鶏ささみ6本→ハム(1cm角に切る)200g、またはちくわ(輪切り)5本、またはゆでえび200g

素材をおいしく保存するには

 冷蔵 保存：2日程度
- 肉縮みの原因となるすじは取り除き、1本ずつラップにぴっちりと包んで保存袋に入れて冷蔵庫へ。

 冷凍 保存：1か月程度
- すじは取り除き、酒をふって1本ずつラップに包み、保存袋へ。酒蒸しにして、細かく裂いて冷凍しても便利。

衣にしょうがを加えて日持ちアップ
とり天

材料（4〜5人分）
- 鶏ささみ……6本（240g）
- 塩……小さじ1/2
- 小麦粉……適量
- **A** 卵……2個
  - おろししょうが……1片分
  - 小麦粉……大さじ4
  - 鶏がらスープの素（顆粒）……小さじ1/2
- 揚げ油……適量

作り方（15分）

1. 鶏ささみはすじを除き、ひと口大のそぎ切りにして、塩をふる。
2. 1のささみに小麦粉を薄くまぶし、合わせたAにくぐらせて、180℃の揚げ油でカラッと揚げる。お好みで天つゆやポン酢しょうゆ、ゆずこしょうをつけて食べる。

キープOK！
1の状態で保存
- 冷蔵 2日
- 冷凍 1か月

長持ち

冷蔵 4日 ／ 冷凍 1か月　**塩味**

 アレンジ
うどんのトッピングにしたり、甘辛く煮て天丼に。中華風のあんとからめてもおいしい。

ワインのおつまみにもぴったり
ささみのコンフィ

材料（4〜5人分）
- 鶏ささみ……6本（240g）
- にんにく……1片
- **A** 塩……小さじ1
  - 砂糖……小さじ1/2
- **B** ローリエ……1枚
  - 黒粒こしょう……小さじ1/2
  - オリーブ油……120mℓ

作り方（15分）

1. 鶏ささみはすじを除き、Aをよくもみ込む。
2. にんにくは包丁の腹でつぶす。
3. 鍋に、ささみ、B、2を入れて弱火にかけ、ささみの表面が白っぽくなったらふたをして、返しながら2分ほど加熱して火を止め、そのまま冷ます。

キープOK！
1の状態で保存
- 冷蔵 2日
- 冷凍 1か月

変身

冷蔵 3日 ／ 冷凍 1か月　**こっくり**

 アレンジ
ゆでたパスタにほぐしたコンフィと煮汁をあえて、ペペロンチーノにする。

メインおかず

鶏手羽先

皮のブツブツが盛り上がっているのが新鮮な証拠です。すぐに調理しない場合は汁けをふいて保存を。骨にそって切り込みを入れると火が通りやすくなります。

スピード

冷蔵 4日 / 冷凍 1か月　みそ味

電子レンジでできるラクラクレシピ

ごまみそチキン

材料（4〜5人分）

鶏手羽先 ………… 12本（600g）
黒いりごま ………… 大さじ1
A　みそ、みりん、酒
　　　　　………… 各大さじ3
　　砂糖 ………… 大さじ2
　　しょうゆ ………… 大さじ1

作り方（15分）

1. 鶏手羽先は骨にそって切り込みを入れて、Aをもみ込む。
2. 1の手羽先の汁けを軽くきって（調味料はとっておく）、皮目を下にして耐熱容器に並べ、ラップをせずに電子レンジ（600W）で6分加熱する。
3. 皮目を上に返して、残りの調味料を回しかけて、ラップをして電子レンジで4分加熱して、黒いりごまをふる。

🔪 **ポイント**

Aをもみ込んで10分以上おくと、さらにおいしさアップ。

ヘルシー

冷蔵 3日 / 冷凍 1か月　ピリ辛

手羽先にオイスターソースのうまみをプラス

手羽先の中華煮

材料（4〜5人分）

鶏手羽先 ………… 12本（600g）
チンゲン菜 ………… 1株
しょうが（薄切り）………… 1片分
ごま油 ………… 大さじ1
A　水 ………… 600mℓ
　　しょうゆ、オイスターソース
　　　　　………… 各大さじ2と1/2
　　酒 ………… 大さじ3
　　豆板醤 ………… 小さじ1/2
　　砂糖 ………… 大さじ1/2

作り方（20分）

1. 鶏手羽先は骨にそって切り込みを入れ、チンゲン菜は根元から4つ割りに切る。
2. フライパンにごま油を中火で熱し、1の手羽先をこんがりと焼く。
3. 2にA、しょうがを加えて、煮汁が半分になり、照りが出るまで煮たら、チンゲン菜を加えて、さっと火を通す。

🥬 **食材チェンジ**

鶏手羽先12本 ➡ 豚バラ薄切り肉600g、または鶏もも肉（食べやすい大きさに切る）600g

キープOK!

1の状態で保存
■ 冷蔵 2日
■ 冷凍 2週間

素材をおいしく保存するには

 冷蔵 | 保存：**2**日程度
- 2本ずつ上下を交互にしてラップで包み、保存袋に入れて冷蔵庫へ。

 冷凍 | 保存：**1**か月程度
- 2本ずつ上下を交互にしてラップで包み、保存袋に入れて冷凍庫へ。下味をつけたり、素揚げしたものを冷凍しても便利。

長持ち

おつまみにささっと作れる
手羽先揚げ名古屋風

材料（4～5人分）

鶏手羽先	12本（600g）
塩、こしょう	各少々
片栗粉	大さじ1
サラダ油	適量
A しょうゆ、みりん、酒、水	各大さじ2
砂糖、白いりごま	各大さじ1
おろしにんにく	小さじ1

作り方（20分）

1. 鶏手羽先は、骨にそって切り込みを入れ、塩、こしょうをふる。
2. フライパンにサラダ油を高さ3cmほど入れて中火で熱し、**1**に片栗粉をまぶして入れ、両面カラッと揚げ焼きにする。
3. フライパンの余分な油をペーパータオルでふき取り、合わせた**A**を加えてからめる。

ポイント
手羽先は、切り込みを入れて塩、こしょうして、10分以上おくとおいしさアップ。

冷蔵 **5**日 ／ 冷凍 **1**か月　**甘辛**

変身

まろやかな南蛮酢にジュッと漬け込んで
手羽先の南蛮酢漬け

材料（4～5人分）

鶏手羽先	12本（600g）
塩	小さじ1/3
片栗粉、サラダ油	各適量
A しょうゆ、酢、水	各大さじ3
砂糖	大さじ1と1/2
赤唐辛子（輪切り）	1本分

作り方（15分）

1. 鶏手羽先は骨にそって切り込みを入れて、塩をもみ込む。
2. フライパンにサラダ油を高さ3cmほど入れて中火で熱し、**1**に片栗粉を薄くまぶして入れ、両面カラッと揚げ焼きにする。
3. 揚げたてを混ぜ合わせた**A**に漬ける。

 アレンジ
汁けをきってマヨネーズを絞り、万能ねぎ（小口切り）をふって、チキン南蛮風に。

キープOK!

1の状態で保存
- 冷蔵 **2**日
- 冷凍 **1**か月

冷蔵 **4**日 ／ 冷凍 **1**か月　**さっぱり**

メインおかず

鶏手羽元

身がしまって、汁けの出ていないものを選びましょう。骨からだしが出るので、煮込み料理やスープにして、たっぷり作りおきできます。

スピード

冷蔵 4日 / 冷凍 1か月

スパイシー

甘い香りのタイ風カレー
ココナッツカレー

材料（4〜5人分）

鶏手羽元……12本(600g)
ココナッツミルク……600ml
おろし玉ねぎ……1/4個分
A カレー粉……大さじ1
　塩……小さじ1と1/2
　こしょう…適量(しっかりめ)

作り方（15分）

1. 鶏手羽元は骨にそって切り込みを入れ、Aをからめる。
2. 鍋にすべての材料を合わせて強火で煮立たせ、ふたをして、弱火で10分ほど煮る。

アレンジ
ゆでたフォーやそうめん、うどんにかけたり、ごはんと炒めてチャーハンにしても。

キープOK!
1の状態で保存
■ 冷蔵 1日
■ 冷凍 1か月

ヘルシー

冷蔵 4日 / 冷凍 1か月

さっぱり

お酢を使って、やわらかく
手羽元のさっぱり煮

材料（4〜5人分）

鶏手羽元……12本(600g)
長ねぎ……1本
パプリカ(赤)……1個
サラダ油……大さじ1
A 水……250ml
　酒、しょうゆ、酢、砂糖
　……各大さじ3

作り方（25分）

1. 鶏手羽元は骨にそって切り込みを入れる。長ねぎは3cm長さの斜め切りにする。パプリカは種を除いて、ひと口大の乱切りにする。
2. フライパンにサラダ油を中火で熱し、長ねぎを焼いて焼き目がついたら取り出し、1の手羽元を入れてこんがり焼く。
3. Aを加えて煮立ったら弱火で8〜10分煮る。パプリカと長ねぎを加え、煮汁をからめながら2〜3分照りが出るまで煮る。

食材チェンジ
鶏手羽元12本➡鶏もも肉2枚、またはスペアリブ600g

素材をおいしく保存するには

 冷蔵 保存：**1〜2日**程度
- 2本ずつ上下を交互にしてラップで包み、保存袋に入れて冷蔵庫へ。

 冷凍 保存：**1か月**程度
- 2本ずつ上下を交互にしてラップで包み、保存袋に入れて冷凍庫へ。下味をつけたり、素揚げしたものを冷凍しても便利。

ヤンニョムだれに漬けると時間が経ってもおいしい
ヤンニョムチキン

材料（4〜5人分）

鶏手羽元 ……… 12本(600g)
A｜塩 ………… 小さじ1/2
　｜酒 ………… 大さじ1
B｜おろしにんにく‥1/2片分
　｜コチュジャン、トマトケチャップ…各大さじ3
　｜はちみつ、みりん……各大さじ1と1/2
片栗粉、揚げ油 …… 各適量
白いりごま ………… 大さじ1

作り方（15分）

1. 鶏手羽元は骨にそって切り込みを入れて、Aをもみ込む。
2. Bを耐熱容器に合わせ、ふんわりとラップをして電子レンジ(600W)で1分加熱する。
3. 1の手羽元に片栗粉を薄くまぶして、180℃の揚げ油でカラッと揚げる。揚げたてに2をからめて、白いりごまをふる。

長持ち

冷蔵 **5日** ｜ 冷凍 **1か月**　ピリ辛

うまみがしみ込んだ春雨が美味
手羽元と春雨のスープ煮

材料（4〜5人分）

鶏手羽元 ……… 12本(600g)
春雨(乾燥) ……………… 20g
長ねぎ ………………… 1本
塩 ………………… 小さじ1
A｜水 ………… 1000ml
　｜にんにく ……… 2片
　｜しょうが(薄切り)…1片分
　｜赤唐辛子(種を除く)…1本
　｜鶏がらスープの素(顆粒)
　｜　…………… 小さじ1

作り方（30分）

1. 鶏手羽元は骨にそって切り込みを入れて開き、塩をもみ込む。春雨はもどしておく。
2. 長ねぎは1cm幅の斜め切りに、にんにくは包丁の腹でつぶす。
3. 鍋にAを入れて煮立て、1の鶏肉、長ねぎ、春雨を加えて強火にかける。煮立ったらアクを取り除き、ふたをして、弱火で20分ほど煮る。

アレンジ
ごはん、白髪ねぎ、香菜(シャンツァイ)を加えてサムゲタン風に。さらにわかめを加えてもおいしい。

変身

冷蔵 **4日** ｜ 冷凍 **1か月**　塩味

メインおかず

鶏ひき肉

牛、豚ひき肉よりも比較的傷みやすい食材なので、使う分だけ購入するか、新鮮なうちに調理しましょう。光沢があり、汁けの出ていないものを選んで。

スピード

冷蔵 3日 / 冷凍 1か月　みそ味

青のりと白ごま2色作って
フライパンのし鶏

材料（4〜5人分）
- 鶏ひき肉 …………… 300g
- 玉ねぎ ……………… 1/2個
- 青のり、白いりごま … 各適量
- みそ ………… 大さじ1と1/2
- サラダ油 …………… 適量

作り方（⏱15分）

1. 玉ねぎはみじん切りにし、鶏ひき肉、みそと一緒によく混ぜる。
2. 直径20cmのフライパンに、サラダ油を薄く塗り、1の半量を入れて、丸く平らに伸ばし、表面に青のりをふる。
3. ふたをして、弱めの中火で4〜6分、中心を触って弾力がでるまで蒸し焼きにする。同様にもう1枚は白いりごまをまぶして焼く。粗熱がとれたら、ひと口大の正方形に切る。

ポイント
たねを2回に分けて、薄く伸ばして焼くことで、火の通りが早くなり、時短調理になる。

ヘルシー

冷蔵 3日 / 冷凍 1か月　ピリ辛

ごはんにかけるとおいしいお手軽エスニック
ガパオそぼろ

材料（4〜5人分）
- 鶏ひき肉 …………… 300g
- バジル ……………… 15枚
- 玉ねぎ ……………… 1/2個
- 赤ピーマン ………… 1個
- にんにく（みじん切り） … 1片分
- 赤唐辛子（輪切り） … 2本分
- サラダ油 …………… 大さじ1
- **A** オイスターソース … 大さじ2
  - ナンプラー、水 … 各大さじ1
  - 砂糖 …………… 大さじ1/2

作り方（⏱15分）

1. 赤ピーマンは種を除き、玉ねぎとともに1cm角に切る。
2. フライパンにサラダ油、にんにく、赤唐辛子を中火にかけ、鶏ひき肉、1の玉ねぎを加えて炒める。
3. 2に1の赤ピーマン、Aを加えて炒め合わせ、バジルの葉をちぎって加え、火を止めてさっと混ぜ合わせる。

キープOK！

1の状態で保存
- 冷蔵 2日
- 冷凍 1か月

素材をおいしく保存するには

 冷蔵 保存：1日程度
- ラップでぴっちりと包み、保存袋に入れて冷蔵庫へ。

 冷凍 保存：1か月程度
- ラップでぴっちりと包み、保存袋に入れてなるべく薄くする。そぼろなどに調理してから冷凍してもよい。

長持ち

溶き卵を加えてやわらかく
きつね焼き

材料（4～5人分）
- 鶏ひき肉 ………… 250g
- 油揚げ …………… 3枚
- 長ねぎ（みじん切り）… 1/2本分
- おろししょうが …… 1片分
- A 溶き卵 ………… 1/2個分
-   しょうゆ、酒、片栗粉 … 各大さじ1/2
- ごま油 …………… 小さじ1

作り方（25分）
1. 油揚げは半分に切り、菜箸をのせて転がし、袋状に開く。
2. ボウルに鶏ひき肉、長ねぎ、おろししょうが、Aを入れてよく練り混ぜる。
3. 1の油揚げに2を等分に詰めて、平らにする。
4. フライパンにごま油を中火で熱し、3を焼き、両面に焼き目をつけたら、ふたをして、3～5分ほど、弱火で蒸し焼きにする。
5. 三角形に切り、お好みでポン酢しょうゆ、練り辛子を添える。

アレンジ
たねに刻んだにらを混ぜて、ぎょうざ風に。

冷蔵 4日 ／ 冷凍 1か月　**しょうゆ味**

変身

蒸し煮で作るからふわっとやさしい味に
鶏団子

材料（4～5人分）
- 鶏ひき肉 ………… 300g
- 玉ねぎ …………… 1/2個
- ごま油 …………… 大さじ1/2
- A 塩 ……………… 小さじ2/3
-   パン粉 ………… 1/2カップ
-   卵 ……………… 1個
- B 水 ……………… 100ml
-   酒 ……………… 大さじ1/2

作り方（20分）
1. 玉ねぎはみじん切りにし、耐熱容器に入れてごま油を入れ、ふんわりとラップをして電子レンジ（600W）で4分加熱して冷ます。
2. ボウルに1、鶏ひき肉、Aを入れて、粘りが出るまでしっかり練り混ぜ、15等分に丸める。
3. フライパンに2をくっつかないように並べ、Bを回しかける。
4. ふたをして強火にかけ、煮立ったら弱火にして8～10分蒸し煮にする。途中水分がなくなったら、水を大さじ1くらいずつ足す。

 アレンジ
甘酢あんにからめて中華風肉団子に。トマトソースと合わせて、パスタにかけても。

冷蔵 3日 ／ 冷凍 1か月　**塩味**

メインおかず

豚こま切れ肉

きれいなピンク色で、汁けの出ていないものを選んで。下味をしっかりからめておくと、やわらかさが持続します。

スピード

冷蔵 3日 / 冷凍 1か月　ピリ辛

わさびとごまの香りが絶妙

豚肉のごま団子

材料（4〜5人分）

- 豚こま切れ肉 …………… 300g
- 白いりごま、黒いりごま …… 各適量
- A 小麦粉 ………… 大さじ2
  - しょうゆ … 大さじ1と1/2
  - 酒 ……………… 大さじ1
  - 練りわさび …… 小さじ1
- サラダ油 ……………… 適量

作り方（15分）

1. 豚こま切れ肉にAをもみ込み、5分ほどおく。
2. 1のたねを10等分にして小判形に成形し、5個は白いりごま、残りには黒いりごまをまぶす。
3. フライパンにサラダ油を高さ3cmほど入れて中火で熱し、2を両面カラッと揚げ焼きにする。

キープOK！

1の状態で保存
- 冷蔵 2日
- 冷凍 2週間

🥬➡🥔 食材チェンジ

豚こま切れ肉300g ➡ 豚ひき肉300g、または合いびき肉300g

ヘルシー

冷蔵 4日 / 冷凍 1か月　甘辛

酢をプラスして飽きのこない味に

れんこんと豚こまの甘辛炒め

材料（4〜5人分）

- 豚こま切れ肉 …………… 300g
- れんこん ……………… 1節
- さやいんげん …………… 6本
- A 酒 ……………… 大さじ1
  - 塩 …………… 小さじ1/4
  - こしょう ……………… 少々
- 片栗粉 …………… 大さじ2
- サラダ油 ……………… 適量
- B めんつゆ（3倍濃縮）、水 …… 各大さじ3
  - 酢 …………… 大さじ1/2

作り方（20分）

1. ボウルに豚こま切れ肉、Aを入れてよくもみ込む。れんこんは皮をむいて1cm厚さのいちょう切りにし、水にさらす。さやいんげんはすじを取って、半分の長さに切る。
2. 豚肉に片栗粉をまぶして、ひと口大にまとめる。フライパンにサラダ油を高さ1cmほど入れて、中火で熱し、さやいんげん、れんこん、豚肉の順に揚げ焼きにして取り出す。
3. フライパンに油が残っていたらふき取り、Bを入れて煮立て、2をもどし入れてからめる。

素材をおいしく保存するには

 保存：2日程度
- ラップで小分けにしてぴっちりと包み、保存袋に入れて。

 保存：1か月程度
- ラップでぴっちりと包み、保存袋に入れて。酒少々をふると、解凍してもジューシーな仕上がりに。

刻み昆布とかつお節でうまみアップ
クーブイリチー

長持ち

冷蔵 5日 ／ 冷凍 1か月　しょうゆ味

材料（4〜5人分）
- 豚こま切れ肉 ……… 300g
- にんじん ……… 1/4本
- 油揚げ ……… 1枚
- 刻み昆布(乾燥) ……… 30g
- ごま油 ……… 大さじ2
- A しょうゆ、砂糖 ‥ 各大さじ2
-   酒 ……… 大さじ3
-   水 ……… 100ml
-   かつお節 ……… 3g

作り方（30分）
1. 豚こま切れ肉はざく切りに、にんじんは皮をむいて細切りに、油揚げは細切りにする。刻み昆布は水でもどす。
2. フライパンにごま油を中火で熱し、1の豚肉を焼き目がつくまでしっかり炒め、にんじん、油揚げ、刻み昆布を加えて炒め合わせる。
3. Aを加えて、煮汁が少なくなるまで弱火で煮る。

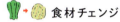 **食材チェンジ**
油揚げ1枚 ➡ さつま揚げ1枚、またはちくわ（輪切り）2本

豚こまをたたいてやわらかく
しそつくね

変身

冷蔵 3日 ／ 冷凍 1か月　さっぱり

材料（4〜5人分）
- 豚こま切れ肉 ……… 500g
- A 長ねぎ（みじん切り） ……… 1/2本分
-   青じそ（みじん切り） …10枚分
-   卵 ……… 1個
-   片栗粉 ……… 大さじ3
-   塩 ……… 小さじ1
- サラダ油 ……… 大さじ1
- 水 ……… 大さじ2

作り方（20分）
1. 豚こま切れ肉は包丁で軽くたたき、Aを加えてよく混ぜ合わせ、18等分にする。
2. 1を小判形に成形し、サラダ油を中火で熱したフライパンに並べて、両面をこんがりと焼く。
3. 2に分量の水を加えてふたをし、弱火で5〜6分蒸し焼きにする。

アレンジ
ごはんにざく切りの水菜、温泉卵とともにのせて、片栗粉でとろみをつけたポン酢しょうゆをかけて、ロコモコ丼に。

キープOK！
1の状態で保存
- 冷蔵 2日
- 冷凍 1か月

メインおかず（豚こま切れ肉）

バターとワインでまろやかに仕上げる
ポークチャップ

スピード / こっくり
冷蔵3日 / 冷凍1か月

材料（4〜5人分）
- 豚こま切れ肉………… 400g
- 玉ねぎ………………… 2個
- マッシュルーム……… 8個
- A　塩、こしょう……… 各適量
- 　　小麦粉…………… 大さじ2
- バター、赤ワイン… 各大さじ2
- B　トマトケチャップ………… 大さじ6
- 　　ウスターソース… 大さじ1
- 　　水……………… 100mℓ
- 　　コンソメスープの素（顆粒）……………… 少々

作り方（15分）
1. 豚こま切れ肉にAをまぶす。
2. 玉ねぎとマッシュルームは薄切りにする。
3. フライパンにバターを中火で熱し、1を炒めて、こんがりと焼き目をつける。2も加えてしんなりするまで炒める。赤ワインを加えてひと煮立ちさせる。
4. Bを加え、弱火で5分ほど、煮汁にとろみがつくまで煮る。

アレンジ
ゆでたパスタにかけたり、ごはんと炒めてケチャップライス風にも。

メインとして食べられるボリュームサラダ
豚こまと厚揚げのガドガド

ヘルシー / ピリ辛
冷蔵2日 / 冷凍×

材料（4〜5人分）
- 豚こま切れ肉………… 300g
- 厚揚げ………………… 1枚
- もやし………………… 1袋
- ピーマン……………… 3個
- A　しょうゆ、酒…各大さじ1/2
- B　ごまドレッシング（市販）………………… 大さじ6
- 　　豆板醤………… 小さじ1/2
- 片栗粉、サラダ油…… 各適量

作り方（15分）
1. ピーマンは種を除いてせん切りに、厚揚げは縦に半分に切ってから1cm幅に切る。
2. 耐熱容器にもやし、ピーマン、厚揚げを入れてラップをかけ、電子レンジ（600W）で3分ほど加熱する。
3. 豚肉はAをもみ込んで片栗粉を薄くまぶし、サラダ油を高さ3cmほど入れて熱したフライパンで、中火でカリカリになるまで揚げ焼きにする。
4. 食べるときによく混ぜ合わせたBをかける。

食材チェンジ
豚こま切れ肉300g→鶏むね肉（そぎ切り）300g

揚げ焼きでとってもかんたん
スタミナ塩から揚げ

材料（4〜5人分）
豚こま切れ肉 ………… 400g
溶き卵 ……………… 1個分
A おろしにんにく …… 1片分
　　おろししょうが … 1/2片分
　　塩 …………… 小さじ1/2
　　こしょう ………… 少々
小麦粉、片栗粉 … 各大さじ2
サラダ油 …………… 適量

作り方（⏰15分）
1. 豚こま切れ肉に、**A**をもみ込む。
2. 1に溶き卵、小麦粉、片栗粉を加えて、よく混ぜ合わせる。
3. フライパンにサラダ油を高さ3cmほど入れて中火で熱し、2をひと口大にまとめながら入れ、両面をカラッと揚げ焼きにする。

長持ち

キープOK！
1の状態で保存
■ 冷蔵 **2** 日
■ 冷凍 **1** か月

冷蔵 **4**日 ｜ 冷凍 **1**か月　塩味

 **食材チェンジ**
豚こま切れ肉400g ➡ 牛こま切れ肉400g、または鶏もも肉（ひと口大に切る）400g

細切りにして食べごたえのある食感に
豚とにんじんの細切りそぼろ

材料（4〜5人分）
豚こま切れ肉 ………… 300g
にんじん ………… 小2本
しょうが（せん切り）…… 1片分
ごま油 ………… 大さじ2
A しょうゆ、みりん
　　………… 各大さじ3
　　だし汁 ………… 100mℓ

作り方（⏰20分）
1. 豚こま切れ肉は細切りに、にんじんは皮をむいてせん切りにする。
2. フライパンにごま油を中火で熱し、しょうが、豚肉を炒める。合わせた**A**の半量を加えて、水分をとばしながらいり煮にする。
3. にんじん、残りの**A**を加えて、水分がなくなるまで、かき混ぜながら煮る。

変身

冷蔵 **3**日 ｜ 冷凍 **1**か月　甘辛

 アレンジ
丼やチャーハンの具にしたり、ポテトサラダに混ぜ込んだり。オムレツの具にしても。

メインおかず

豚薄切り肉

バラ肉は赤身と脂肪の境目がはっきりしているもの、ロース、ももはきれいなピンク色のものを選んで。揚げたり、煮汁でしっとり仕上げるのが、作りおきのポイント。

スピード

さっと煮で作る和風おかず

肉豆腐

材料（4〜5人分）
- 豚バラ薄切り肉 300g
- 木綿豆腐 1丁
- 長ねぎ 1本
- A
  - だし汁 300ml
  - 酒、しょうゆ 各大さじ2
  - みりん 大さじ1/2
  - 塩 小さじ1/4
- 七味唐辛子 適量

作り方（15分）
1. 豚バラ薄切り肉は3等分の長さに切る。木綿豆腐は縦半分に切ってから、2cm厚さに切る。長ねぎは斜め切りにする。
2. フライパンにAを入れて中火で煮立て、豚肉を加えて、アクを取りながら1分ほど煮る。
3. 2に1の豆腐、長ねぎを加えて、5分ほど煮る。仕上げに七味唐辛子をふる。

冷蔵 3日 ／ 冷凍 ✕　しょうゆ味

食材チェンジ
豚バラ薄切り肉300g ➡ 牛切り落とし肉300g

ヘルシー

ごろごろ根菜で食べごたえアップ

豚と根菜の煮もの

材料（4〜5人分）
- 豚バラ薄切り肉 300g
- れんこん 150g
- にんじん 1/2本
- ごぼう 1/2本
- サラダ油 小さじ2
- A
  - だし汁 200ml
  - しょうゆ 大さじ2
  - 酒、みりん 各大さじ3
  - 砂糖 小さじ1

作り方（20分）
1. 豚バラ薄切り肉は食べやすい大きさに切る。
2. れんこん、にんじんは皮をむいて、ごぼうは皮をこそげ落とし、それぞれ乱切りにする。
3. 鍋にサラダ油を強火で熱し、1を入れて炒め、肉の色が変わったら2、Aを加えて、さらに2分ほど炒める。
4. 中火にして、水分をとばすように混ぜながら、汁けがなくなるまで煮る。

冷蔵 3日 ／ 冷凍 1か月　甘辛

ポイント
しっかりと炒めて水分をとばすことが、日持ちするポイント。

素材をおいしく保存するには

 保存：**2日程度**
- 使いやすい長さに切り、ラップで小分けにして、保存袋に入れて冷蔵庫へ。

 保存：**1か月程度**
- 3枚くらいずつラップで小分けにして、保存袋に入れて冷蔵庫へ。下味をつけておくと便利。

おいしさ長持ちの秘密はマヨネーズ
マヨミルフィーユカツ

長持ち

材料（4〜5人分）

豚ロース薄切り肉 …………… 16枚（480g）
- **A** マヨネーズ ……… 大さじ1
  - 酒 …………… 小さじ1
  - こしょう …………… 少々

小麦粉、溶き卵、パン粉、サラダ油 …… 各適量

作り方（⏱20分）

1. 豚ロース薄切り肉に合わせた**A**を塗り、4枚ずつ重ね、同じものを4個作る。
2. **1**に小麦粉、溶き卵、パン粉の順に衣をつける。
3. フライパンにサラダ油を高さ3cmほど入れて中火で熱し、**2**を両面カラッと揚げ焼きにする。

キープOK!

1の状態で保存
- 冷蔵 **1日**
- 冷凍 **1か月**

🔪 **ポイント**
マヨネーズをはさんでミルフィーユにすることで、時間が経ってもジューシーな仕上がりになる。

冷蔵	冷凍
4日	1か月

こっくり

片栗粉をまぶしてつるりとした食感に
豚しゃぶバンバンジー

変身

材料（4〜5人分）

豚薄切り肉（しゃぶしゃぶ用） …………… 400g
にんじん ……………… 大1本
きゅうり ……………… 2本
片栗粉 ……………… 大さじ4
- **A** 酒 ……………… 大さじ2
  - 塩 …………… 小さじ1/2
- **B** 白練りごま、マヨネーズ …………… 各大さじ3
  - 酢、しょうゆ …… 各大さじ2
  - ラー油 ……… 小さじ1/2

作り方（⏱20分）

1. 豚薄切り肉に**A**をもみ込んで、1枚ずつ片栗粉をまぶす。にんじんは皮をむき、きゅうりとともにピーラーで薄切りにする。
2. 鍋にたっぷりの湯を沸かし、にんじんをさっとゆでてザルにあげる。
3. **2**の鍋に、豚肉を入れて中火で2〜3分ゆでてザルにあげる。
4. 食べるときに混ぜ合わせた**B**をかける。

🍳 **アレンジ**
豆腐にのせて、さらにラー油を追加でかける。豚肉をゆでた湯はスープに。

冷蔵	冷凍
3日	1か月

ピリ辛

※にんじん、きゅうりは冷凍×

メインおかず（豚薄切り肉）

スピード

冷蔵 2日 / 冷凍 3週間　しょうゆ味

薄切り肉を重ねて作るから冷めてもやわらか
速攻ステーキ

材料（4～5人分）

豚ロース薄切り肉 …………… 20枚(600g)
にんにく（薄切り）…… 1片分
塩、こしょう ………… 各少々
小麦粉 ………………… 適量
サラダ油 …………… 大さじ1
A｜しょうゆ ……… 大さじ3
　｜酒、みりん …… 各大さじ2
　｜粒マスタード …… 大さじ1
バター ……………… 小さじ5

作り方（15分）

1 豚ロース薄切り肉はパックのまま、塩、こしょうをふり、小麦粉を薄くまぶし、4枚を1組にして、平らにならす。

2 フライパンにサラダ油を弱火で熱し、にんにくをカリカリに炒めて取り出す。1を1組ずつ並べて、中火で両面をこんがりと焼いて取り出す。

3 同じフライパンにAを入れて、とろみがつくまで煮立たせる。

4 食べるときにバターをのせて、3のソースをかける。

 食材チェンジ

豚ロース薄切り肉20枚 ➡ 牛薄切り肉（ロースまたはもも）20枚

ヘルシー

冷蔵 3日 / 冷凍 1か月　ピリ辛

チーズを一緒に巻いてジューシーに
パプリカのチーズ巻き

材料（4～5人分）

豚ロース薄切り肉（しゃぶしゃぶ用）
 …………… 16枚(480g)
パプリカ（赤）……… 小2個
スライスチーズ ………… 4枚
ゆずこしょう …… 大さじ1/2
サラダ油 …………… 大さじ2
塩 ……………………… 少々

作り方（15分）

1 パプリカは種を除いて8mm幅の細切りにする。スライスチーズは1枚を縦4等分に切る。豚ロース薄切り肉を広げてゆずこしょうを塗り、チーズ（縦長におく）、パプリカをのせてくるくると巻く。これを16本作る。

2 フライパンにサラダ油を中火で熱し、1の巻き終わりを下にして並べ、こんがりと焼く。

3 2を転がしながら全体を焼いて、塩で味を調える。

🍳 アレンジ

バターロールにキャベツ（せん切り）とともにはさみ、ホットドッグ風に。

高野豆腐で食べごたえしっかり
なんちゃって豚角煮

材料（4～5人分）

豚バラ薄切り肉
　　　………… 16枚（480g）
高野豆腐（乾燥）………… 4枚
溶き卵 ………………… 2個分
小麦粉 ………………… 適量
サラダ油 ……………… 大さじ1
A めんつゆ（3倍濃縮）…… 70ml
　　水 ………………… 200ml

作り方（⏱20分）

1. 高野豆腐はぬるま湯でもどして、十字に包丁を入れて、4等分に切る。汁けをよく絞り、溶き卵を入れたバットに入れて吸わせる。
2. 豚バラ薄切り肉を広げて**1**に巻きつけて、小麦粉を薄くふる。フライパンにサラダ油を熱し、中火で表面をこんがりと焼く。
3. **A**を加えて煮立たせ、煮汁に照りが出るまで6分ほど煮つめる。

長持ち

ポイント
かたまり肉を使わず、薄切り肉を高野豆腐に巻くので、短時間で火が通る。

キープOK！

1の状態で保存
■ 冷蔵 **1**日
■ 冷凍 **1**か月

冷蔵 **4**日 ｜ 冷凍 **×**　　**甘辛**

シンプルに煮て肉のうまみ凝縮
豚肉のにんにく塩煮

材料（4～5人分）

豚バラ薄切り肉 ……… 300g
にんにく（薄切り）…… 2片分
ししとう ……………… 6本
A 水 ………………… 150ml
　　酒 ………………… 50ml
　　鶏がらスープの素（顆粒）
　　　………………… 小さじ1
　　塩 ……………… 小さじ2/3
粗びき黒こしょう ……… 少々

作り方（⏱15分）

1. 豚バラ薄切り肉は食べやすい大きさに切る。
2. 鍋に**A**を入れて中火で煮立て、**1**、にんにくを加えて煮る。豚肉の色が変わったら、ししとうを加える。
3. 汁けが少なくなるまで煮つめ、粗びき黒こしょうをふる。

変身

アレンジ
サラダ油を熱したフライパンで焼いてポークソテーに、衣をつけて揚げてフライに。

冷蔵 **3**日 ｜ 冷凍 **1**か月　　**塩味**

メインおかず

豚しょうが焼き用肉

きれいなピンク色で、汁けの出ていないものを選んで。反り返りを防ぐには、すじ切りするのがコツ。火を通し過ぎるとかたくなるので、さっと加熱しましょう。

スピード

冷蔵 4日 / 冷凍 1か月　ピリ辛

コチュジャンでいつもと違う味に
ピリ辛しょうが焼き

材料（4～5人分）
豚しょうが焼き用肉
　……………12枚（600g）
しょうが……………1片
玉ねぎ………………1/2個
塩、酒………………各少々
ごま油………………大さじ1
A｜コチュジャン、酒
　　　……各大さじ1と1/2
　｜白いりごま………大さじ1
　｜しょうゆ、砂糖‥各小さじ1
　｜おろししょうが……1片分

作り方（10分）
1　豚しょうが焼き用肉はすじ切りをし、塩、酒をふる。
2　玉ねぎは1cm幅に、しょうがはせん切りにする。
3　フライパンにごま油を熱し、1、2を入れて豚肉に火が通るまで中火で焼き、フライパンの余分な脂をふき取り、混ぜ合わせたAを加えて、さっとからめる。

ヘルシー

冷蔵 3日 / 冷凍 1か月　スパイシー

カレー粉＋ペッパーソースでスパイシー
カレーポークのサルサソース

材料（4～5人分）
豚しょうが焼き用肉
　……………12枚（600g）
ピーマン……………1個
玉ねぎ………………1/4個
小麦粉………………適量
酒……………………大さじ1
A｜塩…………………小さじ1/2
　｜カレー粉…………大さじ1
B｜トマトケチャップ、酢
　　　……………各大さじ2
　｜ペッパーソース
　　　……………小さじ1/4
　｜砂糖、塩……各小さじ1/2
サラダ油……………大さじ1

作り方（15分）
1　豚しょうが焼き用肉はすじ切りをしてからAをまぶして小麦粉を薄くまぶす。
2　ピーマンは種を除き、玉ねぎとともにみじん切りにし、Bと混ぜ合わせて、冷蔵庫で冷たくなるまで冷やす。
3　フライパンにサラダ油を中火で熱し、豚肉をこんがりと焼く。酒を回しかけてふっくらと焼いて取り出す。食べるときに、2のソースをかける。

素材をおいしく保存するには

 保存：2日程度
- 赤身と脂身の境目に切り込みを入れてすじ切りし、ラップで小分けにして、保存袋に入れて冷蔵庫へ。

 保存：1か月程度
- すじ切りし、ラップで小分けにして、保存袋に入れて冷凍庫へ。下味をつけておくと便利。

濃いめの味つけで保存性アップ
トンテキ

材料（4～5人分）
- 豚しょうが焼き用肉 ……… 12枚（600g）
- にんにく（薄切り） ……… 2片分
- 粗びき黒こしょう、小麦粉 ……… 各適量
- サラダ油 ……… 大さじ2
- **A** ウスターソース、しょうゆ、酒、みりん、はちみつ ……… 各大さじ2

作り方（15分）
1. 豚しょうが焼き用肉はすじを切り、粗びき黒こしょうをふり、小麦粉を薄くまぶす。
2. フライパンに、サラダ油、にんにくを入れて中火で熱し、にんにくをカリカリに焼いて取り出す。
3. 1の豚肉を2のフライパンに入れて両面がこんがりするまで焼いて、**A**を加え、照りが出るまで煮からめ、2のにんにくをもどし入れる。

ポイント
濃いめのソースを煮つめて水分をなくし、味を濃くすると保存性が高まる。

長持ち

冷蔵 5日 / 冷凍 1か月　**甘辛**

片栗粉だけで揚げるから冷めてもサクサク
豚の竜田揚げ

材料（4～5人分）
- 豚しょうが焼き用肉 ……… 12枚（600g）
- **A** 酒、しょうゆ ……… 各大さじ1と1/2
  しょうがの絞り汁 … 1片分
- 片栗粉 ……… 適量
- サラダ油 ……… 適量

作り方（15分）
1. 豚しょうが焼き用肉はすじ切りをして、半分の長さに切り、**A**をもみ込む。
2. 1の豚肉の汁けをきって、片栗粉を薄くまぶす。
3. フライパンにサラダ油を高さ3cmほど入れて中火で熱し、2を手で丸めながら入れ、両面をカラッと揚げ焼きにする。

キープOK！

 1の状態で保存
- 冷蔵 2日
- 冷凍 1か月

アレンジ
細切りにしてサラダのトッピングに。中華風のあんをかけたり、マリネ液に漬けてもおいしい。

変身

冷蔵 3日 / 冷凍 1か月　**しょうゆ味**

メインおかず

豚ロースとんカツ用肉

赤身がきれいなピンク色をしており、脂肪との境目がはっきりしているものを選びましょう。冷めてもやわらかさが続くので、作りおきに向いています。

スピード

冷蔵 3日 / 冷凍 1か月　甘酸っぱい

スイートチリソースとポン酢でさっぱり

ポークスティックのスイートチリ

材料（4〜5人分）

- 豚ロースとんカツ用肉 ………… 5枚（500g）
- 塩、粗びき黒こしょう ………… 各少々
- 小麦粉 ………… 大さじ3
- サラダ油 ………… 大さじ2
- A｜スイートチリソース ………… 大さじ5
- 　｜ポン酢しょうゆ ‥ 大さじ3

作り方（10分）

1. 豚ロースとんカツ用肉は2cm幅に切って塩、こしょうをふる。
2. 1に小麦粉をまぶし、サラダ油を中火で熱したフライパンで、こんがりと焼く。
3. フライパンの余分な油をふき取り、混ぜ合わせたAを加え、照りが出るまで煮からめる。

キープOK！

1の状態で保存
■ 冷蔵 2日
■ 冷凍 1か月

🥬➡🧄 **食材チェンジ**

豚ロース肉5枚 ➡ 鶏もも肉500g
または鶏むね肉500g

ヘルシー

冷蔵 3日 / 冷凍 1か月　さっぱり

すし酢でかんたんに味が決まる

すし酢酢豚

材料（4〜5人分）

- 豚ロースとんカツ用肉 ………… 4枚（400g）
- 玉ねぎ ………… 1/2個
- ピーマン ………… 2個
- パプリカ（赤） ………… 1/2個
- 塩 ………… 小さじ1/4
- 片栗粉 ………… 適量
- サラダ油 ………… 大さじ2
- A｜すし酢 ………… 大さじ4
- 　｜トマトケチャップ ‥ 大さじ2

作り方（15分）

1. 豚ロースとんカツ用肉は1cm幅に切り、塩をふって、片栗粉を薄くまぶす。
2. ピーマン、パプリカは種を除き、玉ねぎとともに乱切りにする。
3. フライパンにサラダ油を中火で熱して、1をこんがりと焼き、火が通ったら2を加えて炒める。
4. フライパンの余分な油をふき取り、合わせたAを加えて、からめながら炒める。

📋 **ポイント**

片栗粉をまぶすことでとろみがつくので、水溶き片栗粉不要。

素材をおいしく保存するには

 冷蔵 保存：**2**日程度
- 赤身と脂身の境目に切り込みを入れてすじ切りし、ラップでぴっちりと包み、保存袋に入れて。

 冷凍 保存：**1**か月程度
- すじ切りし、ラップでぴっちりと包み、保存袋に入れて冷凍する。下味をつけておくと便利。

長持ち

しそをプラスしてさわやかに
ひと口みそカツ

材料（4〜5人分）
豚ロースとんカツ用肉 ………… 5枚（500g）
青じそ ………………… 15枚
A｜みそ ………………… 大さじ3
　｜長ねぎ（みじん切り）………… 1/3本分
溶き卵、小麦粉、パン粉、揚げ油 …… 各適量

作り方（⏱20分）
1. 豚ロースとんカツ用肉はすじを切って、めん棒で青じそ3枚分程度の大きさにたたいて伸ばす。
2. 1の豚肉は3等分の長さに切って、片面に混ぜ合わせたAを塗り、みそが隠れるように青じそをのせる。これを15個作る。
3. 2に小麦粉、溶き卵、パン粉の順に衣をつけて、170℃の揚げ油でカラッと揚げる。

ポイント
みそを塗ることで、水分が少なくなり、長持ちする。

冷蔵 4日 ／ 冷凍 1か月　**みそ味**

変身

小麦粉をまぶしてジューシーに
ポークソテー

材料（4〜5人分）
豚ロースとんカツ用肉 ………… 5枚（600g）
にんにく ………………… 2片
塩 ………………… 小さじ1
こしょう ………………… 少々
小麦粉 ………………… 適量
オリーブ油 ………………… 大さじ2

作り方（⏱15分）
1. 豚肩ロースとんカツ用肉は両面しっかりすじ切りをして、塩、こしょうをふり、小麦粉を薄くまぶす。にんにくは包丁の腹でつぶす。
2. フライパンに、オリーブ油、にんにくを入れて弱火で熱し、香りが立ったら1の豚肉を加えて、3分ほどこんがりと焼く。裏返し、同様に2分ほど焼く。

アレンジ
リーフレタスで青じそとともに包み、サムギョプサル風に。クリームシチューの具にしても。

冷蔵 3日 ／ 冷凍 1か月　**塩味**

メインおかず

豚バラかたまり肉

赤身がきれいなピンク色のものを選びましょう。保存性を高める濃いめの味つけと相性がよい食材です。角切りにして煮ものに、薄切りにして炒めものなどに。

スピード

冷蔵 3日 | 冷凍 1か月　みそ味

電子レンジ加熱で洗いものを少なく
スピード回鍋肉（ホイコーロー）

材料（4〜5人分）
- 豚バラかたまり肉 …… 300g
- キャベツ …………… 400g
- 長ねぎ ……………… 1/3本
- A
  - 赤みそ、砂糖 … 各大さじ2
  - しょうゆ、酒 …… 各大さじ1
  - おろしにんにく …… 1片分
  - 赤唐辛子（輪切り）
    ……………… 1/2本分
- ごま油 ……………… 大さじ1

作り方（15分）
1. キャベツはひと口大に切り、長ねぎは斜め薄切りにする。
2. 豚バラかたまり肉は薄切りにして、Aと合わせてもみ込む。
3. 耐熱容器に1を盛り、まわりに2の豚肉をのせる。ふんわりとラップをして電子レンジ（600W）で4分ほど加熱する。
4. 軽くかき混ぜてから、さらに3分ほどラップをせずに加熱する。仕上げにごま油を回しかける。

🫑➡🥔 **食材チェンジ**
豚バラかたまり肉300g➡牛ももかたまり肉300g

ヘルシー

冷蔵 4日 | 冷凍 1か月　塩味

じっくりと煮て肉のうまみを引き出す
ポトフ

材料（4〜5人分）
- 豚バラかたまり肉 …… 500g
- 玉ねぎ ……………… 2個
- にんじん …………… 2本
- セロリ ……………… 2本
- 水 ………………… 1600mℓ
- A
  - 塩、砂糖
    ……… 各小さじ2と1/2
  - こしょう ………… 少々

作り方（60分）
1. 豚バラかたまり肉は2cm厚さに切って、Aをもみ込み、10分ほどおく。
2. 玉ねぎは4等分のくし形切りに、にんじんは皮をむき、縦に4等分に切ってから、長さを斜め半分に切る。セロリはすじを取って、6cm長さの斜め切りにする。
3. 鍋に分量の水、1の豚肉を汁けをふいて加え、強火にかける。煮立ったらアクを取り、にんじんを加えて20分ほど弱めの中火で煮る。セロリ、玉ねぎを加えて、さらに20分ほど煮る。

🫑➡🥔 **食材チェンジ**
豚バラかたまり肉500g➡牛ももかたまり肉500g、または牛すね肉500g

素材をおいしく保存するには

 冷蔵 保存：**2**日程度
- まるごとラップでぴっちりと包むか、使いやすい大きさに切り、保存袋に入れて冷蔵庫へ。酒をふるとやわらかくなる。

 冷凍 保存：**1**か月程度
- 使いやすい大きさに切り、保存袋に入れて冷凍庫へ。下味をつけておくと便利。

長持ち

ごろごろ食感で食べごたえ十分
台湾風肉そぼろ

材料（4～5人分）
- 豚バラかたまり肉 …… 500g
- A 長ねぎ（みじん切り）…1/3本分
  - しょうが、にんにく（各みじん切り）…各1片分
- サラダ油 …………… 大さじ2
- B しょうゆ、酒 …… 各大さじ5
  - 砂糖 ……………… 大さじ3
  - 粉山椒 …………… 小さじ1
- 水 ………………………300㎖

作り方（⏱50分）
1. 豚バラかたまり肉は2cm角に切って、Bに漬けて30分おく。
2. 1の豚肉をザルにあげて汁けをきる（漬け汁はとっておく）。
3. 鍋にサラダ油を中火で熱し、2の豚肉を、焼き目がつくまでしっかりと焼きつける。
4. 3に、合わせたAを加えて、香りが立つまで炒め合わせ、2の漬け汁、分量の水を加えて30～40分煮る。

 ポイント
煮込むときに脂がかなり浮くので除く。できるだけ日持ちさせたいときは、除かなくてもOK。

冷蔵 **5**日 ／ 冷凍 **1**か月　甘辛

変身

おかずにトッピングに大活躍！
和風チャーシュー

材料（4～5人分）
- 豚バラかたまり肉 …… 300g
- A しょうゆ、砂糖 ‥ 各大さじ3
  - みりん、酒 …… 各大さじ2
  - ごま油 …………… 大さじ1
  - 和風だしの素（顆粒）………… 小さじ1/3
  - しょうが（薄切り）…… 1片分

作り方（⏱40分）
1. 豚バラかたまり肉は、味がしみ込みやすいように、フォークで数か所刺して、4等分に切る。保存袋にAを入れて混ぜ合わせ、豚肉を加えてもみ込み、冷蔵庫でひと晩おく。
2. 1の漬け汁は保存袋に残し、豚肉は、脂身を上にしてオーブンの天板にのせ、170℃で15分、裏返して5分焼く。
3. 鍋に残した漬け汁と2の豚肉を入れ、弱火で煮つめて火を止め、冷ましてから豚肉を切り分ける。

 アレンジ
細切りにして、ラー油、塩、こしょう、白髪ねぎ（またはゆでたもやし）とあえておつまみに。

冷蔵 **4**日 ／ 冷凍 **1**か月　甘辛

メインおかず

豚ひき肉

比較的傷みやすい食材なので、汁けの出ていないものを選び、新鮮なうちに調理しましょう。セールのときにたっぷり買って、冷凍保存しておくと便利です。

スピード

冷蔵 3日 / 冷凍 1か月　甘辛

春雨をもどさず入れて時短に
ひき肉と春雨の炒め煮

材料（4〜5人分）
- 豚ひき肉 …………… 300g
- さやいんげん ………… 200g
- 春雨（乾燥）………… 80g
- しいたけ …………… 4枚
- 長ねぎ ……………… 1本
- ごま油 ……………… 大さじ2
- A
  - 湯 ………………… 300mℓ
  - 鶏がらスープの素（顆粒）
    ………………… 小さじ1
  - オイスターソース‥ 大さじ2
  - しょうゆ ………… 大さじ1

作り方（15分）
1. さやいんげんはすじを取り、長ねぎとともに斜め切りに、しいたけは薄切りにする。
2. フライパンにごま油を中火で熱し、豚ひき肉をカリッと炒める。
3. 1を加えて炒め合わせ、A、春雨を加えて、汁けがなくなるまで煮る。

キープOK!

1の状態で保存
- 冷蔵 **2日**
- 冷凍 **1か月**

ヘルシー

冷蔵 3日 / 冷凍 1か月　スパイシー

トマトたっぷりでヘルシーに
トマトのチリコンカン

材料（4〜5人分）
- 豚ひき肉 …………… 100g
- トマト ……………… 1個
- 玉ねぎ ……………… 1/2個
- ミックスビーンズ …… 55g
- にんにく …………… 1片
- オリーブ油 ………… 小さじ1
- A
  - コンソメスープの素（顆粒）
    ………………… 小さじ2
  - チリパウダー …… 小さじ1
  - ローリエ ………… 1枚
- 塩、こしょう ……… 各少々

作り方（30分）
1. 玉ねぎ、にんにくはみじん切りにする。トマトはヘタを取って1cm角に切る。
2. 鍋にオリーブ油を中火で熱し、1の玉ねぎ、にんにく、豚ひき肉を炒め、香りが立ったらトマトを加えて炒める。
3. ミックスビーンズ、Aを加え、ふたをして弱火で20分ほど煮て、塩、こしょうで味を調える。

素材をおいしく保存するには

 冷蔵 保存：**1**日程度
- ラップでぴっちりと包み、保存袋に入れて冷蔵庫へ。

 冷凍 保存：**1**か月程度
- ラップでぴっちりと包み、保存袋に入れてなるべく薄くする。箸ですじをつけておくと、折った分だけ解凍できて便利。

具だくさんでごはんがすすむ
中華風卵焼き

材料（4～5人分）
- 豚ひき肉 ………… 150g
- 卵 ……………… 4個
- もやし …………… 1袋
- 長ねぎ …………… 1/2本
- ごま油 …………… 大さじ2
- **A**
  - 鶏がらスープの素（顆粒）
    ………… 大さじ1/2
  - こしょう ………… 少々

ポイント
しっかり炒めて長ねぎ、もやしの水分をとばし、卵にもしっかり火を通すことで日持ちアップ。

作り方（🕐20分）
1. 長ねぎは斜め薄切りにする。
2. 20cmのフライパンにごま油大さじ1を中火で熱し、豚ひき肉をカリカリに炒める。**1**を加えて炒め合わせ、もやしを加えてさっと炒めて、**A**をふる。
3. ボウルに卵を割りほぐし、**2**を加えて混ぜ合わせる。
4. **2**のフライパンにごま油大さじ1を中火で熱し、**3**の半量を流し入れ、手早く混ぜて半熟状になったらふたをし、3分ほど蒸し焼きにする。裏返してさらに3分ほど焼き、同様にもう1枚焼く。

長持ち

冷蔵 **4**日 ／ 冷凍 **1**か月　**塩味**

豆腐やなすを加えて、アレンジ自在
麻婆あん

材料（4～5人分）
- 豚ひき肉 ………… 250g
- **A**
  - 長ねぎ（みじん切り）… 1本分
  - にんにく（みじん切り）… 2片分
  - 豆板醤 ………… 小さじ1
  - ごま油 ………… 大さじ4
  - 水 ……………… 260mℓ
  - 鶏がらスープの素（顆粒）
    ………… 小さじ1
  - 赤みそ ………… 大さじ2
  - 砂糖、しょうゆ、片栗粉
    ………… 各大さじ1
- 粉山椒 …………… 小さじ1

作り方（🕐20分）
1. 耐熱容器に**A**を合わせて入れ、豚ひき肉を加えてさっくりと混ぜ合わせる。
2. **1**にふんわりとラップをして電子レンジ（600W）に10分かける。8分で一度取り出して混ぜ、再度加熱する。
3. 仕上げに粉山椒をふる。

キープOK！
1の状態で保存
- 冷蔵 **2**日
- 冷凍 **1**か月

変身

冷蔵 **3**日 ／ 冷凍 **1**か月　**ピリ辛**

メインおかず

牛こま切れ肉

きれいな赤色で、汁けの出ていないものを選んで。うまみがしっかりしているので、濃い味つけとの相性バツグンです。

スピード

冷蔵 3日 ｜ 冷凍 1か月　しょうゆ味

乱切り野菜で食べごたえあり
ごろっと青椒肉絲（チンジャオロースー）

材料（4〜5人分）
- 牛こま切れ肉　　　　　　300g
- ピーマン　　　　　　　　4個
- たけのこ（水煮）　　　　200g
- しょうゆ、片栗粉　　各小さじ2
- ごま油　　　　　　　　大さじ2
- A
  - しょうゆ　　　　　　大さじ3
  - 酒、砂糖　　　　　各小さじ3
  - おろしにんにく　　　1片分
  - こしょう　　　　　　　少々

作り方（15分）
1. ピーマンは種を除き、たけのことともにひと口大の乱切りにする。牛こま切れ肉はしょうゆ、片栗粉をもみ込む。
2. フライパンにごま油を強火で熱し、牛肉を炒め、肉の色が変わったら、たけのこ、ピーマンの順に加えて炒める。
3. 油が回ったら、合わせたAを加えて、さっと炒め合わせる。

　ポイント
野菜はせん切りにせず、牛こま切れ肉の大きさに合わせて切ることで手軽さアップ。

ヘルシー

冷蔵 3日 ｜ 冷凍 ✕　さっぱり

野菜たっぷりのおかずサラダ
牛肉のタイ風サラダ

材料（4〜5人分）
- 牛こま切れ肉　　　　　　300g
- 紫キャベツ　　　　　　　1/3個
- パプリカ（赤・黄）　各小1/2個
- 香菜（シャンツァイ）　　　適量
- 片栗粉　　　　　　　　大さじ1
- A
  - ナンプラー　　　　　大さじ3
  - サラダ油　　　　　　大さじ1
  - にんにく（みじん切り）
  　　　　　　　　　　　1/2片分
  - 赤唐辛子（輪切り）　1/2本分
  - レモン汁　　　　　　大さじ2
  - 塩　　　　　　　　　小さじ1/4
  - こしょう　　　　　　　少々

作り方（20分）
1. 紫キャベツはせん切りに、パプリカは種を除いて薄切りにする。
2. 香菜は1cm幅に切る。牛こま切れ肉は片栗粉をまぶしておく。
3. 2の牛肉をゆでて、色が変わったらザルにあげ、ペーパータオルで水けをしっかりふき、合わせたAに漬ける。
4. 保存容器に1の紫キャベツ、パプリカを盛り、3の牛肉を漬け汁ごとかけ、2の香菜をのせる。

素材をおいしく保存するには

 冷蔵　保存：2日程度
- ラップで小分けにしてぴっちりと包み、保存袋に入れて。

 冷凍　保存：1か月程度
- ラップでぴっちりと包み、保存袋に入れて。小分けにして包んでおくと、炒めものなどにさっと使えて便利。

牛こまで作るコチュジャン味のハンバーグ
トッカルビ

材料（4〜5人分）
- 牛こま切れ肉 ………… 500g
- A
  - おろしにんにく、おろししょうが …… 各1片分
  - しょうゆ、コチュジャン、砂糖 … 各大さじ1と1/2
  - ごま油 ………… 大さじ1
- ごま油 …………… 大さじ1

作り方（20分）
1. 牛こま切れ肉は包丁で粗くたたき、Aを加えてしっかり練り混ぜ、8等分にする。
2. フライパンにごま油を弱めの中火で熱し、小判形に成形した1を並べ、こんがりと両面焼く。
3. ふたをして4分蒸し焼きにする。

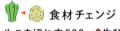 食材チェンジ
牛こま切れ肉500g ➡ 牛ひき肉500g

キープOK！

1の状態で保存
- 冷蔵 2日
- 冷凍 1か月

長持ち
冷蔵 5日 ／ 冷凍 1か月　ピリ辛

玉ねぎの甘みたっぷり
牛肉のすき煮

材料（4〜5人分）
- 牛こま切れ肉 ………… 500g
- 玉ねぎ …………………… 3個
- A
  - しょうゆ、酒 …… 各50ml
  - 砂糖 ………… 大さじ3
- 水 ………………………… 200ml

作り方（25分）
1. 玉ねぎは8mm厚さの輪切りにする。
2. 鍋に、A、牛こま切れ肉を入れて中火で煮立て、3分ほど煮たら、1の玉ねぎ、分量の水を加えてふたをし、弱めの中火で15分ほど煮る。

🍳 アレンジ
紅しょうがとともにごはんにのせて牛丼に。粗みじんに切ってキーマカレーの具にしてもよい。

キープOK！

1の状態で保存
- 冷蔵 2日
- 冷凍 1か月

変身
冷蔵 4日 ／ 冷凍 1か月　甘辛

メインおかず

牛薄切り肉

バラ肉、肩ロースは脂肪の色が乳白色のもの、ももは鮮やかな赤い色のものを選んで。炒めものや煮ものにして、汁けをからめてしっとり仕上げるのがポイント。

スピード

生クリームでマイルドな味わいに
クイックストロガノフ

材料（4～5人分）
- 牛肩ロース薄切り肉 … 400g
- 玉ねぎ … 1個
- マッシュルーム … 10個
- こしょう … 少々
- 小麦粉 … 大さじ1/2
- 白ワイン … 100ml
- バター … 大さじ2
- A
  - 生クリーム … 200ml
  - トマトケチャップ … 大さじ2
  - しょうゆ … 大さじ1

作り方（15分）
1. 牛肩ロース薄切り肉はひと口大に切って、こしょうをふる。玉ねぎは繊維を切るように薄切りに、マッシュルームは薄切りにする。
2. フライパンにバターを中火で熱し、1の牛肉、玉ねぎ、マッシュルームを炒める。油が回ったら小麦粉を加えて炒める。
3. 白ワインを加えて煮汁が半分になるまで煮つめたら、Aを加え、とろりとするまで煮る。

冷蔵 3日 ／ 冷凍 1か月　**こっくり**

ヘルシー

里いもとしめじで栄養バランスアップ
牛肉と里いもの煮もの

材料（4～5人分）
- 牛バラ薄切り肉 … 300g
- 里いも … 小10個
- しめじ … 1パック
- サラダ油 … 大さじ1/2
- だし汁 … 800ml
- A
  - しょうゆ、みりん … 各大さじ4
  - 砂糖 … 小さじ1

作り方（30分）
1. 牛バラ薄切り肉はひと口大に切る。里いもは皮をむいて、大きいものは半分に切る。しめじは石づきを落として小房に分ける。
2. フライパンにサラダ油を中火で熱し、1の里いもを両面こんがりと焼く。牛肉、しめじを加えて炒め、油が回ったら、だし汁を加えて煮立て、アクをとる。
3. 合わせたAを加えて、弱火で15分ほど煮る。

 アレンジ
汁をきって、里いもをつぶし、丸めてパン粉をつけて揚げ焼きし、里いもコロッケに。

冷蔵 4日 ／ 冷凍 1か月　**しょうゆ味**

素材をおいしく保存するには

 冷蔵 保存：**2**日程度
- 使いやすい長さに切り、ラップで小分けにして、保存袋に入れて冷蔵庫へ。

 冷凍 保存：**1**か月程度
- 3枚くらいずつラップで小分けにして、保存袋に入れて冷凍庫へ。下味をつけておくと便利。

バルサミコ酢でコクたっぷり
れんこんと牛肉のバルサミコ炒め

材料（4～5人分）
- 牛ロース薄切り肉 …… 150g
- れんこん ………………… 1節
- オリーブ油 ………… 大さじ2
- **A** バルサミコ酢、しょうゆ、酒 ………… 各大さじ2
-   砂糖 ………………… 大さじ1

作り方（15分）

1. れんこんは皮をむいて、小さめの乱切りにし、水にさらして、水けをきる。牛ロース薄切り肉は食べやすい大きさに切る。
2. フライパンにオリーブ油を中火で熱し、**1**のれんこんをじっくりと焼く。
3. 焼き目がついてきたら、**1**の牛肉を加えて炒め、肉の色が変わったら**A**を加えて炒め合わせる。

 **食材チェンジ**
牛ロース薄切り肉150g ➡ 豚薄切り肉150g

長持ち | 冷蔵5日 / 冷凍1か月 | **甘酸っぱい**

ごはんがすすむ絶品メニュー
プルコギ風肉炒め

材料（4～5人分）
- 牛ロース薄切り肉 …… 400g
- パプリカ(赤) ……………… 1個
- 白いりごま ………… 大さじ2
- ごま油 ……………… 大さじ2
- **A** おろしにんにく …… 1片分
-   しょうゆ、オイスターソース、はちみつ ……… 各大さじ1と1/2
-   酒 …………………… 大さじ2

作り方（15分）

1. 牛ロース薄切り肉は3cm長さに切り、パプリカは種を除いてせん切りにする。
2. フライパンにごま油を中火で熱し、**1**の牛肉を炒め、色が変わったら、パプリカを加えて炒める。
3. 全体に油が回ったら、**A**を加えて煮つめ、火を止めて、白いりごまをふる。

キープOK!

1の状態で保存
- 冷蔵 **2**日
- 冷凍 **1**か月

変身 | 冷蔵4日 / 冷凍1か月 | **甘辛**

メインおかず

牛かたまり肉

光沢があり、鮮やかな赤い色のものを選んで。揚げものにしたり、じっくり煮込んでやわらかく仕上げて、煮汁に浸けて保存すると、おいしさが続きます。

スピード

冷蔵 4日 | 冷凍 1か月　こっくり

たたいて薄く伸ばし、やわらかく
ミラノ風カツレツ

材料（4〜5人分）
- 牛ももかたまり肉 …… 500g
- 塩、こしょう ………… 各少々
- A
  - 粉チーズ ……… 大さじ4
  - 溶き卵 ………… 2個分
- 小麦粉、パン粉（細びき）
  ………………………… 各適量
- オリーブ油 …………… 適量

作り方（15分）
1. 牛ももかたまり肉は1cm厚さに切る。めん棒でたたいて5mm厚さに伸ばし、塩、こしょうをふって小麦粉を薄くまぶす。
2. 1に合わせたA、パン粉の順に衣をつけて、包丁の背で格子模様をつける。
3. フライパンにオリーブ油を高さ3cmほど入れて中火で熱し、2をこんがりと揚げ焼きにする。

ポイント
肉をたたいて薄くすると火が通りやすくなり、繊維も壊れてやわらかく食べやすくなる。

ヘルシー

冷蔵 4日 | 冷凍 1か月　しょうゆ味

コラーゲンたっぷりでプルプルの食感
牛すじと大根のおでん

材料（4〜5人分）
- 牛すじ肉 …………… 600g
- 大根 ………………… 1本
- A
  - だし汁 ………… 1200ml
  - しょうゆ、みりん
    ………………… 各大さじ3

作り方（120分）
1. 牛すじ肉は鍋に入れ、かぶるくらいの水を加えて火にかける。沸騰したらザルにあげて水けをきり、ひと口大に切って、竹串4〜5本で縫うように刺す。
2. 大根は皮をむいて3cm厚さの輪切りにする。
3. 鍋に、1の牛肉、2、Aを入れ、牛すじがやわらかくなるまで、弱火で1時間半ほど煮る。

食材チェンジ
しょうゆ、みりん各大さじ3➡みそ大さじ6

素材をおいしく保存するには

冷蔵 保存：**2**日程度
- 保存袋に入れて冷蔵庫へ。酒をふるか、下味に漬けておくと、やわらかくなる。

冷凍 保存：**1**か月程度
- 肉同士がくっつかないように、保存袋に入れて冷凍庫へ。酒をふるか、下味に漬けておくとやわらかくなる。

しっかりしみ込んだ甘辛の懐かしい味
牛大和煮

材料（4～5人分）
- 牛ロースかたまり肉 … 600g
- ゆで卵 … 2個
- しょうが（薄切り） … 1片分
- サラダ油 … 大さじ1
- **A**
  - 水 … 600㎖
  - しょうゆ、酒、みりん … 各大さじ3
  - 砂糖 … 大さじ2
- 水溶き片栗粉 … 小さじ1

作り方（70分）
1. 牛ロースかたまり肉は1.5cm厚さに切る。
2. 鍋にサラダ油を中火で熱し、**1**の牛肉の両面に焼き目をつける。**A**、しょうがを加えて煮立ったらアクを取り、弱火で1時間ほど、牛肉がやわらかくなるまで煮る。
3. **2**の牛肉を保存容器に移し、残りの煮汁に水溶き片栗粉を加えてとろみをつけて牛肉にかける。半分に切ったゆで卵を添える。

 アレンジ
ごはんにのせて牛丼風に、豆腐と一緒に煮て肉豆腐に。

長持ち

冷蔵 **5**日 ／ 冷凍 **1**か月　**甘辛**

※ゆで卵は日持ちしないので、1日程度で食べきる。

牛すね肉をとろとろに
牛の赤ワイン煮

材料（4～5人分）
- 牛すね肉 … 1kg
- 玉ねぎ … 1個
- にんにく … 2片
- サラダ油 … 大さじ1
- **A**
  - 赤ワイン … 200㎖
  - ローリエ … 1枚
  - 塩 … 小さじ1と1/2
  - 砂糖 … 小さじ1
  - 粗びき黒こしょう … 少々
  - 水 … 600㎖

作り方（100分）
1. 牛すね肉はひと口大に切り、玉ねぎは薄切りにする。
2. 鍋にサラダ油を中火で熱し、**1**の牛肉を、両面こんがりと焼く。
3. 玉ねぎ、包丁の腹でつぶしたにんにく、**A**を加えて煮立て、アクを取って、弱火で1時間ほど、牛肉がやわらかくなるまで煮る。

キープOK!
1の状態で保存
- 冷蔵 **2**日
- 冷凍 **1**か月

 アレンジ
ごはんにかけたり、チーズをふって焼いたり。汁けをきってほぐすと、コンビーフ風に。

変身

冷蔵 **4**日 ／ 冷凍 **1**か月　**こっくり**

メインおかず

合いびき肉

鶏、豚ひき肉と同様、比較的傷みやすいので、新鮮なうちに調理しましょう。よく練り混ぜると弾力が出て、時間が経ってもおいしく食べられます。

スピード

冷蔵 4日 / 冷凍 1か月　スパイシー

材料を混ぜて電子レンジにかけるだけ
レンジキーマカレー

材料（4～5人分）

合いびき肉　………… 400g
トマト　……………… 大1個
カレールウ　………… 80g
A　おろしにんにく、おろし
　　しょうが　……… 各1片分
　　おろし玉ねぎ　…… 1/2個分
　　サラダ油　………… 60ml
B　ウスターソース　… 大さじ1
　　こしょう　………… 少々

作り方（15分）

1 トマトはヘタを取ってざく切りにする。カレールウは刻んで、Bと混ぜ合わせる。

2 耐熱容器にAを合わせて、ふんわりとラップをして電子レンジ（600W）で5分加熱する。

3 2に合いびき肉、1を加えて混ぜ合わせて、ふんわりとラップをして電子レンジ（600W）で8分ほど加熱し、混ぜ合わせる。

アレンジ
ごはんにかけてチーズをのせて焼いて、焼きカレーに。春巻きで巻いて揚げても。

ヘルシー

冷蔵 3日 / 冷凍 1か月　こっくり

巻く手間いらずのロールキャベツ
ロールキャベツ風煮込みハンバーグ

材料（4～5人分）

合いびき肉　………… 400g
キャベツ　…………… 4枚
A　おろし玉ねぎ　…… 1個分
　　卵　………………… 1個
　　パン粉　…………… 大さじ4
　　塩　………………… 小さじ2/3
バター　……………… 大さじ2
B　トマトケチャップ、
　　中濃ソース　…… 各大さじ3
　　水　………………… 500ml
牛乳　………………… 大さじ3

作り方（35分）

1 キャベツは太めのせん切りにして塩少々（分量外）をまぶし、耐熱容器に入れて、ふんわりとラップをして電子レンジ（600W）で2分ほど加熱する。粗熱がとれたら水けをしっかり絞る。

2 ボウルに合いびき肉、Aを入れてしっかり練り混ぜ、1のキャベツを加えてさらに混ぜて、8等分の小判形に成形する。

3 鍋にバターを中火で熱し、2を両面こんがりと焼く。Bを加えて、煮汁が半量になるまで20～30分弱めの中火で煮る。牛乳を加えて、さらに5分ほど煮る。

素材をおいしく保存するには

 冷蔵 保存：1日程度
- ラップでぴっちりと包み、保存袋に入れて冷蔵庫へ。

 冷凍 保存：1か月程度
- ラップでぴっちりと包み、保存袋に入れてなるべく薄くする。箸ですじをつけておくと、折った分だけ解凍できる。

ひき肉たっぷりでメインおかずにぴったり
おかずチヂミ

材料（4〜5人分）
- 合いびき肉　300g
- にら　1束
- A
  - 卵　2個
  - 水　100ml
  - 小麦粉　1カップ
  - 片栗粉　大さじ6
  - 塩　小さじ1/2
- ごま油　大さじ2

作り方（20分）
1. にらは2cm長さに切る。
2. ボウルにAを入れ、なめらかになるまで混ぜ、合いびき肉、1を加えて混ぜ合わせる。
3. フライパンにごま油大さじ1を中火で熱し、2の半量を薄く広げて焼く。表面が固まってきたら裏返して、カリッとするまで焼く。同様にもう1枚焼き、食べやすい大きさに切る。

ポイント
水分量をなるべく少なくして、カリッとなるまでしっかり焼くことで日持ちアップ。

長持ち｜冷蔵4日／冷凍1か月｜塩味

ベーコンでうまみを閉じ込めて
フライパンミートローフ

材料（4〜5人分）
- 合いびき肉　400g
- ホールコーン　100g
- ベーコン　6枚
- A
  - 卵　1個
  - 玉ねぎ（みじん切り）　1/4個分
  - トマトケチャップ　大さじ3
  - パン粉　1と1/2カップ
  - 塩　小さじ1/2
  - こしょう　少々
- サラダ油　大さじ1
- 水　100ml

作り方（40分）
1. 合いびき肉にAを練り混ぜ、ホールコーンを加えてよく混ぜる。ベーコンは3等分に切る。
2. アルミホイルを50cm長さに広げて、ベーコン9枚を少しずつ重ねて並べる。その上に、1の肉だねの半量をのせて、アルミホイルを棒状に成形しながら、しっかりと包む。これを2本作る。
3. フライパンにサラダ油を中火で熱し、2をアルミホイルごと並べて、転がしながら5分ほど焼く。分量の水を加えてふたをし、弱めの中火で20分ほど蒸し焼きにする。

変身｜冷蔵3日／冷凍1か月｜こっくり

メインおかず

ウインナー・ベーコン

封を切ったら生鮮食品と同じと考え、すぐに調理するか、冷凍保存しておきましょう。調理したら乾燥しないように、煮汁に浸けて保存すると、おいしさが長持ちします。

スピード

冷蔵 3日 | 冷凍 1か月　甘辛

パイナップル缶詰で甘辛く仕上げて

ベーコンとパイナップルの黒こしょう焼き

材料（4〜5人分）

- ベーコン（ブロック） …… 220g
- パイナップル（缶詰） …… 4枚
- 粗びき黒こしょう …… 適量
- バター …… 10g
- A パイナップルの缶汁 …… 大さじ3
  しょうゆ …… 大さじ1

🫑→🥦 食材チェンジ
ベーコン220g➡牛カルビ肉200g、
しょうゆ大さじ1➡バルサミコ酢大さじ1

作り方（15分）

1. ベーコンは1cm厚さに切り、パイナップルは、缶汁をきって半分に切り、それぞれに粗びき黒こしょうをしっかりとふる。
2. フライパンを弱めの中火で熱し、1のベーコンを入れて、両面をじっくりと焼く。
3. 2のフライパンをふいて、バターを熱し、1のパイナップルの両面を色よく焼いて取り出す。
4. フライパンに合わせたAを入れて弱火で煮つめ、2、3をもどし入れて、よくからめる。

ヘルシー

冷蔵 3日 | 冷凍 ✕　スパイシー

子どもも好きなカレー味で

ソーセージとじゃがいものサブジ風

材料（4〜5人分）

- ウインナーソーセージ …… 5〜6本（120g）
- じゃがいも …… 2個
- 玉ねぎ …… 1/2個
- オクラ …… 4本
- しょうが、にんにく（各みじん切り） …… 各1片分
- サラダ油 …… 大さじ1
- 酒 …… 大さじ2
- A カレー粉 …… 小さじ1
  塩 …… 小さじ1/2
  こしょう …… 少々

作り方（20分）

1. ウインナーソーセージは斜め切りに、じゃがいもは皮をむいてひと口大に、玉ねぎは薄切りに、オクラは板ずりして、2cm長さに切る。
2. フライパンにサラダ油、しょうが、にんにくを入れて弱火にかけ、香りが立ったら1のソーセージ、じゃがいもを加えて、焼き目をつけながら中火で炒める。
3. 1の玉ねぎ、オクラを加えて炒め合わせ、酒をふってふたをして、弱火で10分ほど蒸し煮にし、Aを加えて、全体を混ぜ合わせる。

素材をおいしく保存するには

 冷蔵　**保存：3日程度**
- ウインナー・ベーコンともに開封したら保存袋に入れて冷蔵庫へ。

 冷凍　**保存：1か月程度**
- ウインナーは保存袋に入れて、ベーコンは使いやすい大きさに切って、ラップで包み保存袋へ。

とろ〜りチーズがおいしい
ソーセージのイタリアンロール

材料（4〜5人分）
- ウインナーソーセージ …… 12本（240g）
- ぎょうざの皮 …………… 12枚
- トマトソース（市販）… 大さじ2
- バジル …………………… 12枚
- ピザ用チーズ …………… 40g
- オリーブ油 ……………… 大さじ1

作り方（⏱20分）
1. ウインナーソーセージは斜めに浅く切り込みを入れる。
2. ぎょうざの皮にトマトソースを薄く塗り、バジル、ピザ用チーズ、ソーセージの順に巻き、巻き終わりを水でとめる。
3. フライパンにオリーブ油を中火で熱し、2を転がしながら、焼く。

キープOK!
1の状態で保存
- 冷蔵 3日
- 冷凍 1か月

 **食材チェンジ**
ぎょうざの皮12枚 ➡ 食パン（サンドイッチ用・半分に切る）6枚
巻き終わりはつま楊枝でとめる。

冷蔵 4日 / 冷凍 1か月　**こっくり**

長持ち

オリーブ油に浸して保存するから長持ち
ベーコンときのこのアヒージョ

材料（4〜5人分）
- ベーコン ………… 6枚（120g）
- しめじ、まいたけ …… 各1/2パック
- にんにく ………………… 1片
- 塩 ………………… 小さじ1/2
- オリーブ油 …………… 200mℓ

作り方（⏱15分）
1. ベーコンは長さを半分に切る。しめじとまいたけは石づきを落とし、ほぐして合わせる。にんにくは包丁の背でつぶす。
2. きのこを12等分にして、ベーコンで巻き、つま楊枝でとめる。
3. フライパンにオリーブ油、1のにんにく、塩を入れて中火にかけ、温まってきたら2を並べ、返しながら5〜10分加熱する。

 アレンジ
ゆでたパスタとあえて。オイルは、炒めものや焼きものに使ったり、ピザにかけると美味。

冷蔵 3日 / 冷凍 1か月　**塩味**

変身

アレンジ自在！ 肉の下味冷凍

下味をつけて冷凍すると、解凍して炒めたり、焼いたり、揚げるだけで、すぐ1品が完成！
ここでは下味冷凍・アレンジレシピを紹介します。

牛薄切り肉（焼き肉風）

冷凍 1か月

- 牛薄切り肉 250g（2cm幅に切る）
+
- おろししょうが、おろしにんにく ……各1/2片分
- しょうゆ、砂糖、酒 ……各大さじ1と1/2
- ごま油 ……小さじ2強

➡ 牛カルビ肉、豚薄切り肉でもOK！

レシピ❶ ビビンパ

1. 解凍した**牛薄切り肉250g**を漬け汁ごとフライパンに入れて、中火で炒める。
2. 豆もやし1/2袋、パプリカ（赤・せん切り）1/4個を塩ゆでし、鶏がらスープの素（顆粒）大さじ1/4、ごま油小さじ1/2であえる。
3. 丼にごはんを盛り、1、2を等分にのせる。

レシピ❷ チャプチェ

1. 解凍した**牛薄切り肉250g**を漬け汁ごとフライパンに広げ、春雨20g、水80mlを加えてふたをし、しんなりするまで中火で蒸し焼きにする。
2. ふたをとって、水分がなくなるまで炒め合わせ、にら（ざく切り）1/2束を加えてさっと炒め、ごま油大さじ1/2を回しかける。

豚薄切り肉（しょうがじょうゆ）

冷凍 1か月

- 豚ロース薄切り肉 250g
+
- しょうゆ、酒 ……各大さじ1と1/2
- しょうがの絞り汁、砂糖、ごま油 ……各小さじ2強
- 片栗粉 ……小さじ1/2

➡ 牛カルビ肉、鶏むね肉でもOK！

レシピ❶ 豚肉のしょうが焼き

1. フライパンにごま油大さじ1/2を熱し、玉ねぎ（8mm厚さの輪切り）1/2個をしんなりするまで炒め、端に寄せ、解凍した**豚ロース薄切り肉250g**を漬け汁ごと加えて焼き目をつけ、玉ねぎと炒め合わせる。
2. 器に盛り、サラダ菜、プチトマト各適量を添える。

レシピ❷ キャベツのしょうが焼きサラダ

1. 解凍した**豚ロース薄切り肉250g**は、汁けをきって、片栗粉適量を薄くまぶし、多めの油で揚げ焼きにする。
2. キャベツ（せん切り）適量に1をのせて、マヨネーズ適量を絞る。

豚かたまり肉（みそマヨネーズ）

冷凍 1か月

- 豚ロースかたまり肉 250g（1cm厚さに切る）
+
- みそ ……大さじ1と1/2
- マヨネーズ ……大さじ1
- みりん ……大さじ1/2
- はちみつ ……小さじ2強
- おろしにんにく ……1/2片分

➡ 牛カルビ肉、鶏むね肉でもOK！

レシピ❶ 豚のみそ漬け焼き

1. 解凍した**豚ロースかたまり肉250g**のみそを軽くぬぐう。
2. アルミホイルにサラダ油少々を薄く塗り、1を並べる。ししとう（数か所穴をあける）10本も一緒に並べて、オーブントースターで両面3〜4分ずつ焼く。

レシピ❷ 豚のみそとんカツ

1. 解凍した**豚ロースかたまり肉250g**のみそを軽くぬぐう。
2. 1に小麦粉、溶き卵、パン粉各適量を順にまぶして、180℃に熱した揚げ油適量でカラッと揚げる。

※分量は2人分で表記しています。※必ず生の食材を使い、再冷凍は避けてください。

下味冷凍法

1. 食材と調味料を保存袋に入れて、空気を抜いて、密閉する。
2. 平らにして調味料を全体になじませ、冷凍する。

下味冷凍の調理法

解凍する
- 電子レンジの解凍モードか、冷蔵庫に移して解凍を。冬は常温で解凍してもOK。
- 解凍後は再冷凍は避け、早めに調理してください。

加熱する
- 炒める　フライパンに油を熱し、漬け汁ごと入れて炒める。
- 焼く　オーブンや魚焼きグリルでこんがりと焼く。
- 揚げる　小麦粉、溶き卵、パン粉をまぶし、揚げ油で揚げる。

鶏もも肉（コンソメワイン）

冷凍 1か月

→ 鶏むね肉、豚厚切り肉でもOK！

鶏もも肉1枚（そぎ切り）
＋
- おろし玉ねぎ……1/8個分
- 白ワイン……大さじ2
- オリーブ油……大さじ1/2
- コンソメスープの素（固形）……1/4個
- 粗びき黒こしょう……少々
- 塩……小さじ1/4

レシピ❶ じゃがいもと鶏肉のグリル

1. じゃがいも2個は1.5cm厚さに切り、耐熱容器に入れ、電子レンジ（600W）で3分加熱し、塩少々をふる。
2. 耐熱容器に、1、解凍した**鶏もも肉1枚分**を重ねて、オリーブ油大さじ1/2を回しかける。220℃に予熱したオーブンで20分焼く。

レシピ❷ チキンの洋風ホイル焼き

1. アルミホイルに、玉ねぎ（薄切り）1個、解凍した**鶏もも肉1枚分**、しめじ（石づきを落とし小房に分ける）1/2パック、バター大さじ1の順に半量ずつ包み、これを2つ作る。
2. 1をオーブントースターで15分ほど焼く。

鶏むね肉（カレー）

冷凍 1か月

→ 鶏もも肉でもOK！

鶏むね肉1枚（そぎ切り）
＋
- プレーンヨーグルト……60ml
- トマトケチャップ……小さじ2強
- オリーブ油……大さじ1
- カレー粉……大さじ1/2
- おろしにんにく……1/2片分
- 塩……小さじ1/3
- こしょう……少々

レシピ❶ タンドリーチキン

1. フライパンにオリーブ油小さじ1を中火で熱し、解凍した**鶏むね肉1枚分**を漬け汁ごと広げる。
2. 鶏肉に焼き色がついたら上下を返し、ふたをして、弱火で6〜8分蒸し焼きにする。

レシピ❷ チキンのカレーフリット

1. **鶏むね肉1枚分**は解凍し、保存袋に、天ぷら粉大さじ3を加えて、袋の上からよくもむ。
2. 180℃に熱した揚げ油適量に、1をひと切れずつ落として、カラッと揚げる。

合いびき肉（スパイス）

冷凍 1か月

→ 牛ひき肉、豚ひき肉でもOK！

合いびき肉250g
＋
- パン粉……25g
- 卵……1個
- 塩、サラダ油……各小さじ1/2強
- おろしにんにく……1片分
- こしょう……適量（しっかりめ）

レシピ❶ ソーセージ

1. 解凍した**合いびき肉250g**の保存袋の角をはさみで切って、中火で熱したフライパンに絞り、焼き目がつくまで焼く。
2. 水大さじ1を加えてふたをし、弱火で中まで火を通す。

レシピ❷ ミートボールのトマト煮

1. 解凍した**合いびき肉250g**は、ひと口大に丸め、オリーブ油大さじ1/2を中火で熱した鍋で、焼いて取り出す。
2. 1の鍋に玉ねぎ（みじん切り）1/2個分を入れて中火で炒め、トマト（ざく切り）2個分、水300ml、トマトケチャップ大さじ2、1を加えて煮る。

メインおかず

鮭

色鮮やかで、弾力、ツヤがあり、汁けの出ていないものを選びましょう。生鮭は塩鮭に比べて日持ちしにくいですが、しっかり味つけをすれば保存性が高まります。

スピード

冷蔵 3日 / 冷凍 2週間 　みそ味

白いごはんにぴったり
鮭のみそ照り焼き

材料（4〜5人分）
- 生鮭　…………　4切れ（400g）
- 小麦粉　…………………　適量
- サラダ油　………………　大さじ1
- A みそ、酒　………　各大さじ2
- 　 みりん、しょうゆ、砂糖　………　各大さじ1
- 　 おろししょうが　…　小さじ2

作り方（10分）
1. 生鮭は小麦粉を薄くまぶす。
2. フライパンにサラダ油を中火で熱し、1の鮭を入れて、両面こんがりと焼く。
3. 合わせたAを加え、スプーンでかけながらからめる。

ポイント
鮭に小麦粉をまぶしてから焼くことで、調味料がよりからみやすくなる。

保存のコツ！

1切れずつラップして保存袋に入れて冷凍するとお弁当に便利。

ヘルシー

冷蔵 3日 / 冷凍 3週間 　ピリ辛

唐辛子とナンプラーが味の決め手
鮭のエスニックマリネ

材料（4〜5人分）
- 生鮭　…………　4切れ（400g）
- 玉ねぎ　…………………　1/2個
- パプリカ（赤・黄）　……　各1/2個
- 塩、こしょう　…………　各少々
- 小麦粉　…………………　適量
- A ナンプラー　………　大さじ6
- 　 みりん、酢、レモン汁　………　各大さじ4
- 　 砂糖　………………　大さじ2
- 　 にんにく（みじん切り）　…　1片分
- 　 赤唐辛子（輪切り）　…　1本分
- サラダ油　………………　適量

作り方（25分）
1. 生鮭は1切れを3等分に切り、塩、こしょうをふって少しおいてから、汁けをふいて小麦粉を薄くまぶす。
2. 玉ねぎは薄切りに、パプリカは種を除いて細切りにする。
3. Aを鍋に合わせて中火にかけ、煮立ったら火を止める。
4. フライパンにサラダ油を高さ3cmほど入れて中火で熱し、1を両面こんがりと揚げ焼きにする。
5. 4が熱いうちにバットに入れ、2、3を加えて15分ほど漬け込む。

素材をおいしく保存するには

 保存：**3**日程度
- ラップでぴっちりと包み、保存袋に入れて冷蔵庫へ。下味をつけておくと便利。

 保存：**1**か月程度
- ラップでぴっちりと包み、保存袋に入れて冷凍庫へ。下味をつけておくと便利。

長持ち

オイルで煮るからしっとり
鮭とじゃがいものオイル煮

材料（4〜5人分）

生鮭	4切れ（400g）
じゃがいも	2個
しめじ	1/2パック
にんにく（薄切り）	1片分
赤唐辛子（種を除く）	1本分
オリーブ油	200㎖
塩、粗びき黒こしょう	各適量

作り方（⏱30分）

1. 生鮭はひと口大に切って、塩、粗びき黒こしょう各少々をふって少しおき、出てきた汁をふく。
2. じゃがいもは皮をむいてひと口大に切り、しめじは石づきを落としてほぐす。
3. 鍋にオリーブ油、にんにく、赤唐辛子、じゃがいもを入れて弱火にかけ、じゃがいもがやわらかくなるまで煮る。
4. 3に1の鮭、2のしめじを加えてさらに5〜6分煮て、塩で調味し、粗びき黒こしょう少々をふる。

冷蔵 **4**日 ｜ 冷凍 **2**週間　塩味

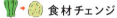 **食材チェンジ**
生鮭4切れ ➡ えび（殻をむく）400g、またはかき400g

変身

白ワインでリッチな風味に
鮭のオニオン漬け焼き

材料（4〜5人分）

生鮭	4切れ（400g）
玉ねぎ	1/8個
A 白ワイン、オリーブ油	各大さじ1
塩	小さじ1/2
こしょう	少々

作り方（⏱15分）

1. 生鮭は1切れを4等分に切り、玉ねぎは薄切りにする。
2. ボウルに**A**を合わせ、1を漬けて、冷蔵庫で30分以上おく。
3. フライパンを中火で熱し、汁をきった2を入れて、両面をこんがりと焼く。

冷蔵 **3**日 ｜ 冷凍 **1**か月　さっぱり

 アレンジ
ホワイトソース、チーズをのせて焼いてグラタンに。ホワイトシチューのルウ＋牛乳で煮ても。

メインおかず

あじ

目がすんで、えらがきれいな鮮紅色をしているものが新鮮です。水分が多くて鮮度が落ちやすいので、なるべく早めに調理しましょう。

スピード

冷蔵 3日 | 冷凍 3週間　さっぱり

レモンでさっぱり仕上げて
あじのトマトレモン煮

材料（4～5人分）

- あじ……………… 4尾（600g）
- レモン（輪切り）……… 1/3個分
- 玉ねぎ（みじん切り）…… 1/2個分
- にんにく（みじん切り）…… 1片分
- 塩、こしょう …………… 各適量
- 小麦粉 ………………………… 適量
- オリーブ油 ……………… 大さじ4
- **A**
  - カットトマト（缶詰）… 200g
  - 白ワイン ………… 100mℓ
  - ローリエ ……………… 1枚

🫑➡🍋 **食材チェンジ**
あじ4尾➡さば（半身）4枚、またはするめいか（ざく切り）2杯

作り方（⏲15分）

1. あじは3枚におろし、塩、こしょう各適量をふって少しおき、汁けをふいて小麦粉を薄くまぶす。
2. フライパンにオリーブ油大さじ2を中火で熱し、**1**を両面焼いて取り出す。
3. **2**のフライパンに、オリーブ油大さじ2、にんにくを弱火にかけ、香りが立ったら玉ねぎを加えて、しんなりするまで炒める。
4. **3**に**A**を加えて煮立て、**2**のあじをもどし入れ、レモンを加えて2～3分煮て、塩、こしょう各適量で調味する。

ヘルシー

冷蔵 3日 | 冷凍 3週間　スパイシー

カレー粉を加えて保存性も風味もアップ
あじのカレー南蛮

材料（4～5人分）

- あじ……………… 4尾（600g）
- れんこん ………………… 150g
- ししとう ……………………… 8本
- 塩 ……………………………… 適量
- **A**
  - しょうゆ ………… 大さじ6
  - 酢 …………………… 大さじ8
  - みりん …………… 大さじ4
  - 砂糖 ………………… 大さじ2
  - カレー粉 ………… 小さじ1
- 片栗粉、揚げ油 ……… 各適量

🫑➡🍋 **食材チェンジ**
カレー粉小さじ1➡赤唐辛子（輪切り）1本分、またはゆずこしょう小さじ1～2

作り方（⏲25分）

1. あじは3枚におろし、2～3等分に切り、塩をふって少しおき、汁けをふく。
2. れんこんは皮をむいて、5mm厚さの輪切りに、ししとうは破裂を防ぐため、数か所穴をあける。
3. 鍋に**A**を入れて中火で煮立たせ、火を止める。
4. **2**を170℃の揚げ油で素揚げする。揚げ油を180℃にし、薄く片栗粉をまぶした**1**をカラッと揚げる。
5. バットに**4**を入れて**3**をかけ、20分ほど味をなじませる。

素材をおいしく保存するには

 冷蔵 保存：1日程度
- 頭、えら、内臓を取り除き、汁けをふき取り、ペーパータオルを敷いたバットに並べてラップをかけて冷蔵庫へ。

 冷凍 保存：1か月程度
- 3枚におろしてラップでぴっちりと包み、保存袋に入れて冷凍庫へ。下味をつけておくと便利。

長持ち

オイルでじっくり煮込んで
あじのコンフィ

材料（4〜5人分）
あじ	4尾（600g）
塩	小さじ1/2
にんにく	2片
赤唐辛子	2本
ローリエ	1枚
オリーブ油	200mℓ

作り方（⏱50分）
1. あじは3枚におろし、塩をふって20分ほどおき、汁けをふく。
2. 鍋に**1**のあじ、にんにく、赤唐辛子、ローリエを入れて、オリーブ油を注ぎ、中火にかける。
3. 油がふつふつしてきたら、弱火にし、20分ほど煮る。

キープOK！
1の状態で保存
- 冷蔵 **2**日
- 冷凍 **1**か月

※塩けが強いので、他の料理に使うときは注意。

🔪 **ポイント**
オイルをあじが隠れるくらい入れることで、油分でコーティングされ、日持ちがアップする。

冷蔵 **5**日 ／ 冷凍 **1**か月　　**塩味**

変身

白ワインで臭みをなくして
あじのリエット

材料（4〜5人分）
あじ	4尾（600g）
玉ねぎ（薄切り）	小1個分
塩、こしょう	各適量
オリーブ油	100mℓ
白ワイン	100mℓ

作り方（⏱20分）
1. あじは3枚におろし、皮を除いて小骨を取り、塩、こしょうをふって10分おき、汁けをふく。
2. フライパンにオリーブ油大さじ1を弱〜中火で熱し、玉ねぎを入れて塩少々をふり、あめ色になるまで炒めて取り出す。
3. **2**のフライパンにオリーブ油大さじ1を中火で熱し、**1**のあじを両面焼いて、白ワインを加えて煮立たせて、火を止める。
4. **2**、**3**、残りのオリーブ油をフードプロセッサーで攪拌し、塩、こしょう各少々で調味する。

 アレンジ
室温にもどし、パンやトーストに塗って。その上にチーズをのせて焼いてもおいしい。

冷蔵 **4**日 ／ 冷凍 **1**か月　　**こっくり**

メインおかず

ぶり

血合いがきれいな赤色のもの、汁けの出ていないものを選びましょう。保存性を高める濃いめの味つけと相性がよい食材です。

スピード

冷蔵 4日 / 冷凍 1か月　甘辛

しっかり味でごはんがすすむ
ぶりのしょうが照り焼き

材料（4～5人分）

- ぶり……………4切れ（400g）
- 塩………………………少々
- 片栗粉…………………適量
- A　砂糖、しょうゆ、酒
  　　……………各大さじ2
  　　しょうがの絞り汁‥大さじ1
- ごま油………………大さじ1
- 水……………………大さじ2

作り方（15分）

1. ぶりは1切れを3等分に切る。塩をふって片栗粉を薄くまぶす。
2. フライパンにごま油を強火で熱し、1を両面カリッと焼く。
3. ぶりを端に寄せ、余分な油をふき取り、分量の水を加えて、1～2分ほど弱火で蒸し焼きにする。
4. 3に合わせたAを加えて、照りが出るまで煮からめる。

 食材チェンジ

ぶり4切れ➡生鮭4切れ、鶏もも肉（ひと口大に切る）400g、または豚しょうが焼き用肉400g

ヘルシー

冷蔵 4日 / 冷凍 1か月　ピリ辛

大根はレンジ加熱してゆで時間を省略
ぶりと大根のコチュジャン煮

材料（4～5人分）

- ぶり……………4切れ（400g）
- 大根……………………1/6本
- にんにく（薄切り）……1片分
- ごま油………………大さじ1
- A　コチュジャン、砂糖
  　　……………各大さじ2
  　　みそ………………大さじ4
  　　酒……………………50ml
  　　水……………………200ml

作り方（25分）

1. ぶりは半分に切る。大根は皮をむいていちょう切りにして、耐熱容器に入れ、ラップをして電子レンジ（600W）で2分30秒加熱する。
2. フライパンにごま油、にんにくを入れて中火で熱し、1のぶりを加え、両面焼く。
3. 2に1の大根、合わせたAを加え、落としぶたをして弱火で15分ほど煮る。

 ポイント

大根は生から煮込むと時間がかかり、ぶりがかたくなるので、あらかじめレンジで加熱しておく。

素材をおいしく保存するには

冷蔵 保存：**3日**程度
- ラップでぴっちりと包み、保存袋に入れて冷蔵庫へ。下味をつけておくと便利。

冷凍 保存：**1か月**程度
- ラップでぴっちりと包み、保存袋に入れて冷凍庫へ。下味をつけておくと便利。

しょうがと粉山椒で臭みをなくして
ぶりの角煮

材料（4〜5人分）
- ぶり……4切れ（400g）
- しょうが（せん切り）……1片分
- 塩……少々
- **A** しょうゆ、みりん、酒……各50ml
- 　　 砂糖……小さじ1
- 粉山椒……適量

作り方（⏱30分）
1. ぶりは1.5cm角に切り、塩をふって10分ほどおく。
2. 鍋に湯を沸かして**1**のぶりを入れ、色が変わったら、すぐザルにあげて、水けをきる。
3. 鍋に**A**、**2**のぶり、しょうがを入れ、ときどき混ぜながら弱火で7〜8分煮る。汁けがなくなったら火を止め、粉山椒をふる。

長持ち

冷蔵 **5日** ／ 冷凍 **1か月**　**甘辛**

🥦➡🥔 **食材チェンジ**
ぶり4切れ ➡ まぐろ（刺身さく）400g、またはさんま（筒切り）400g

にんにくでがっつりとした1品に
ぶりのにんにく竜田揚げ

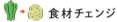

材料（4〜5人分）
- ぶり……4切れ（400g）
- **A** おろしにんにく……小さじ2
- 　　 しょうゆ……大さじ1と1/2
- 　　 酒、みりん……各大さじ2
- 片栗粉、揚げ油……各適量

作り方（⏱20分）
1. ぶりはひと口大に切って合わせた**A**をからめ、10分ほどおいて汁けをふく。
2. **1**に片栗粉を薄くまぶし、170℃の揚げ油でカラッと揚げる。

変身

冷蔵 **3日** ／ 冷凍 **1か月**　**しょうゆ味**

 アレンジ
斜め薄切りにした長ねぎとともに溶き卵でとじ、ごはんにのせて、ぶりたま丼に。

 キープOK！
 **1**の状態で保存
- 冷蔵 **1日**
- 冷凍 **1か月**

メインおかず

たら

透明感のあるピンク色で、身割れしていないものが良品です。生たらは甘塩たらと比べて日持ちしにくいので、しっかり味つけして保存を。

スピード

冷蔵 3日 / 冷凍 1か月　甘酸っぱい

ビールの衣でカリッ、ふわっな口あたり

たらのスイートチリ炒め

材料（4〜5人分）

- 生たら……4切れ（320g）
- ピーマン……2個
- A 小麦粉……80g
- ｜ ビール……大さじ8
- サラダ油……適量
- B スイートチリソース
- ｜　　……大さじ4
- ｜ 酒……大さじ2
- ｜ しょうゆ……小さじ2

作り方（15分）

1 生たらはひと口大に切り、骨を除いて汁けをふき取る。ピーマンは種を除き、乱切りにする。

2 合わせたAに1のたらをくぐらせ、フライパンにサラダ油を高さ3cmほど入れて中火で熱し、揚げ焼きにする。

3 たらを端に寄せ、余分な油をふき取り、ピーマン、Bを加えて炒め合わせる。

ポイント
時間短縮のために、たらは揚げ焼きにし、同じフライパンでチリソースとからめる。

ヘルシー

冷蔵 4日 / 冷凍 ×　さっぱり

さっぱり食べられるメインおかず

たらのレモンサラダ

材料（4〜5人分）

- 生たら……4切れ（320g）
- キャベツ……1/4個
- にんじん……1/2本
- 小麦粉……大さじ2
- 塩……小さじ1
- オリーブ油……大さじ1
- A レモン汁……小さじ2
- ｜ オリーブ油……大さじ2

作り方（15分）

1 生たらは4等分に切って骨を除き、塩、こしょう各少々（分量外）をふって、小麦粉をまぶす。

2 キャベツはざく切りに、にんじんは皮をむき、せん切りにして合わせ、分量の塩でもみ、しばらくおいてしんなりさせる。

3 フライパンにオリーブ油を中火で熱し、1を並べて、両面こんがりと焼く。

4 2の水けをしっかりと絞り、3、Aを加えて混ぜ合わせる。

ポイント
野菜は塩もみをしてしっかり水けを絞ると、味がよくしみる。

素材をおいしく保存するには

 冷蔵 　保存：**2**日程度
- 軽く塩をふってペーパータオルとラップで包み冷蔵庫へ。なるべく早く調理しましょう。

 冷凍 　保存：**1**か月程度
- ラップでぴっちりと包み、保存袋に入れて冷凍庫へ。臭み消しのために酒をふるか下味をつけて。

長持ち

ソースをかけオーブンで焼くだけ
たらのマスタードマヨ焼き

材料（4〜5人分）

生たら	4切れ（320g）
ズッキーニ	1本
エリンギ	1パック
塩	少々
A マヨネーズ	大さじ3
粒マスタード、みりん	各大さじ1

作り方（⏲25分）

1. 生たらは半分に切って骨を除き、塩をふって10分ほどおき、汁けをふき取る。
2. ズッキーニは長さを半分に切り、縦に5mm厚さに切り、エリンギは薄切りにする。
3. 耐熱容器に**1**と**2**を交互に並べて、混ぜ合わせた**A**を全体にかけ、200℃に予熱したオーブンで10〜15分焼く。

冷蔵 **4**日 ｜ 冷凍 **3**週間　**こっくり**

 ポイント
たらは塩をふってしばらくおき、出てきた水分をしっかりふくと臭みが少なくなる。

変身

電子レンジで蒸して完成！
たらの塩昆布蒸し

材料（4〜5人分）

生たら	4切れ（320g）
白菜	1/8株
えのきだけ	1袋
塩昆布	20g
塩	少々
A 酒、ごま油	各大さじ1

作り方（⏲15分）

1. 生たらは塩をふって10分ほどおき、汁けをふく。
2. 白菜はざく切りに、えのきだけは石づきを落として、半分に切る。
3. 耐熱容器に**2**の白菜を敷き、**1**のたらを並べ、**2**のえのきだけ、塩昆布をのせる。**A**をふってラップをして、電子レンジ（600W）で8〜9分加熱する。

冷蔵 **3**日 ｜ 冷凍 **1**か月　**塩味**

 アレンジ
だし汁、豆腐、塩と煮て、たらちり鍋に。たらの身をほぐし、豆腐と練り混ぜて焼き、つくねに。

キープOK！
2の状態で保存
- 冷蔵 **2**日
- 冷凍 **1**か月

メインおかず

めかじき

透明感があり、血合いが鮮やかな赤色をしているものを選んで。比較的日持ちしやすい魚ですが、パサつきやすいので加熱し過ぎないように注意。

スピード

冷蔵 3日 | 冷凍 3週間　さっぱり

梅としその風味がさわやか

かじきの梅しそソテー

材料（4〜5人分）
- めかじき……4切れ（320g）
- 青じそ……20枚
- 梅干し……大4個
- 塩……少々
- 片栗粉……適量
- サラダ油……大さじ1

作り方（15分）

1. めかじきは1切れを5等分の棒状に切って、塩をふり、10分ほどおいて汁けをふく。
2. 梅干しは種を除いて包丁でたたき、ペースト状にする。
3. 1のかじきに20等分した2のペーストをのせて、青じそで巻き、片栗粉を薄くまぶす。
4. フライパンにサラダ油を中火で熱し、3を転がしながら焼いて、火を通す。

🥬➡️🍙 **食材チェンジ**
めかじき4切れ➡鶏ささみ400g
または鶏むね肉400g

ヘルシー

冷蔵 3日 | 冷凍 1か月　甘辛

小麦粉をまぶすことで時間が経ってもおいしい

かじきとアスパラのオイスターソース炒め

材料（4〜5人分）
- めかじき……4切れ（320g）
- グリーンアスパラガス……8〜10本
- 玉ねぎ……大1/2個
- 塩、こしょう……各少々
- 小麦粉……適量
- ごま油……大さじ1
- A オイスターソース、酒……各大さじ3
  しょうゆ……大さじ1

作り方（20分）

1. めかじきは1切れを縦に4等分に切り、塩、こしょう、小麦粉を薄くまぶす。グリーンアスパラガスはかたい根元を落とし、はかまを取り除いて、2cm幅の斜め切りにする。玉ねぎは7〜8mm幅に切る。
2. フライパンにごま油を中火で熱し、かじきを炒め、色が変わったらアスパラ、玉ねぎを炒める。
3. Aを加え、ツヤが出て軽くとろみがつくまで炒める。

🔪 **ポイント**
片栗粉をまぶすと、時間が経つと水っぽくなってしまうので、小麦粉をまぶして焼く。

素材をおいしく保存するには

 冷蔵 　保存：**3日**程度
- ペーパータオルとラップで包み、冷蔵庫へ。下味をつけておくと便利。

 冷凍 　保存：**1か月**程度
- ラップでぴっちりと包み、保存袋に入れて冷凍庫へ。パサつきを防ぐため酒少々をふるか、下味をつけておくとよい。

長持ち

カレー粉を使って日持ちアップ
かじきのカレームニエル

材料（4〜5人分）
- めかじき……4切れ（320g）
- 塩……小さじ1/2
- 白ワイン……大さじ1
- オリーブ油……大さじ1
- A
  - 小麦粉……大さじ4
  - カレー粉……小さじ1

作り方（⏱20分）

1. めかじきは塩をまぶし、白ワインをかけて10分ほどおき、汁けをふき取り、合わせたAをまんべんなくまぶす。
2. フライパンにオリーブ油を中火で熱し、1を入れて焼き、焼き目がついたら裏返して、弱火にして、中まで火を通す。

キープOK！
1の状態で保存
- ■ 冷蔵 **1**日
- ■ 冷凍 **1**か月

 食材チェンジ
めかじき4切れ → 鶏むね肉2枚 または生鮭4切れ

冷蔵 **4**日 ｜ 冷凍 **1**か月 　**スパイシー**

変身

かじきの身がふんわりやわらか
かじきの竜田揚げ

材料（4〜5人分）
- めかじき……4切れ（320g）
- A
  - しょうゆ、みりん、酒……各大さじ1
  - おろししょうが……小さじ1
- 片栗粉、揚げ油……各適量

作り方（⏱15分）

1. めかじきはひと口大に切って合わせたAをからめ、10分ほどおいて汁けをふく。
2. 1に片栗粉を薄くまぶし、170℃の揚げ油でカラッと揚げる。

キープOK！
1の状態で保存
- ■ 冷蔵 **1**日
- ■ 冷凍 **1**か月

 アレンジ
玉ねぎ、ピーマン（乱切り）とともに炒め合わせ、スイートチリソースをからめる。

冷蔵 **3**日 ｜ 冷凍 **1**か月 　**しょうゆ味**

メインおかず

さんま

皮が張って銀色に光っているものが新鮮。口先が黄色いものが脂がのっている証拠です。うまみが抜けないように調理直前に切り、内臓を除いて保存性を高めて。

スピード

冷蔵 3日 ／ 冷凍 1か月　甘辛

甘辛だれと山椒が相性ぴったり

さんまの照り焼き山椒風味

材料（4〜5人分）

さんま	4尾（600g）
小麦粉	大さじ2
サラダ油	大さじ2
A しょうゆ、砂糖	各大さじ1と1/2
酒、みりん	各大さじ1
粉山椒	少々

作り方（15分）

1. さんまは頭と内臓を除き、3枚におろして半分の長さに切る。
2. 1のさんまに小麦粉をまぶし、サラダ油を中火で熱したフライパンに入れて、両面ともこんがりと焼く。
3. **A**を加えて照りが出るまで煮つめながらからめ、粉山椒をふる。

📝ポイント
ペーパータオルで余分な油をふき取ってから調味料を入れると、味がからみやすくなる。

キープOK！

1の状態で保存
■ 冷蔵 1日
■ 冷凍 1か月

ヘルシー

冷蔵 3日 ／ 冷凍 1か月　さっぱり

緑、黒、紫の彩りも目においしい

さんまのごま焼き香味野菜あえ

材料（4〜5人分）

さんま	4尾（600g）
春菊	1/2束
みつば	1/2束
紫玉ねぎ	1/4個
白、黒いりごま（合わせておく）	各大さじ2
A 酒、しょうゆ	各大さじ1
B 白すりごま、酢	各大さじ2
しょうゆ、ごま油	各大さじ1
砂糖	小さじ2
ごま油	大さじ1

作り方（20分）

1. さんまは頭と内臓を除き、3枚におろして、4等分の長さに切り、**A**をふって5分ほどおく。
2. 春菊とみつばは3cmのざく切りに、紫玉ねぎは薄切りにする。
3. 1の汁をふいて、白、黒いりごまを両面にまぶし、フライパンにごま油を中火で熱し、両面をこんがりと焼く。
4. ボウルに**B**を合わせ、**2**、**3**をさっくりと混ぜ合わせる。

素材をおいしく保存するには

 冷蔵 保存：**1**日程度
● 頭と内臓を取り除き、汁けをふき取り、ペーパータオルとラップで包んで、冷蔵庫へ。

 冷凍 保存：**1**か月程度
● 3枚におろしてラップでぴっちりと包み、保存袋に入れて冷凍庫へ。下味をつけておくと便利。

さんまを使ったあっさりしたコロッケ
さんまコロッケ

長持ち

材料（4〜5人分）
- さんま……… 2尾（300g）
- じゃがいも……………… 3個
- バター………………… 10g
- 青じそ（せん切り）……… 5枚分
- 塩、こしょう ………… 各適量
- 小麦粉、溶き卵、パン粉
  ………………………… 各適量
- 揚げ油………………… 適量

作り方（🍳30分）

1. さんまは頭と内臓を除き、洗って汁けをふき取り、塩少々をふって、魚焼きグリルで焼き、骨と皮を除いてほぐす。
2. じゃがいもは皮ごとラップに包み、電子レンジ（600W）で1個につき3分加熱し、熱いうちに皮をむいてつぶしてバターを混ぜる。
3. 1、2、青じそ、塩、こしょう各少々を混ぜ合わせ、ひと口大に成形する。小麦粉、溶き卵、パン粉の順に衣をつけ、170℃の揚げ油でカラッと揚げる。

 アレンジ
衣をつける前の、たねの状態でマヨネーズやきゅうり、玉ねぎとあえるとポテトサラダに。

冷蔵 **4**日 ｜ 冷凍 **1**か月　　塩味

いつもの焼き魚を洋風に
さんまのバジル焼き

変身

材料（4〜5人分）
- さんま………… 4尾（600g）
- A 塩、バジル（乾燥）
  　………………… 各小さじ1
- オリーブ油………… 大さじ1

作り方（🍳15分）

1. さんまは頭と内臓を除き、よく洗って汁けをふき取り、4等分の筒切りにする。
2. **A**を合わせ、**1**の両面にまんべんなくふる。
3. フライパンにオリーブ油を中火で熱し、**2**を入れ、余分な油をふき取りながら焼き、焼き目がついたら、弱火にして3〜5分焼く。
4. **3**を裏返して同様に焼く。食べるときにお好みで、くし形切りにしたレモンを添える。

アレンジ
パン粉＋オリーブ油をふってパン粉焼きに。ホールトマトと一緒にさっと煮てトマト煮に。

冷蔵 **2**日 ｜ 冷凍 **3**週間　　塩味

メインおかず

さば

生さばは透明感があるもの、塩さばは身の色が白っぽいものが新鮮です。
傷みやすいので、鮮度のよいうちに調理し、中までしっかり火を通しましょう。

スピード

冷蔵 3日 | 冷凍 3週間 | ピリ辛

キムチとレモンの新鮮な味わい
塩さばのピリ辛ねぎソース

材料（4～5人分）

- 塩さば(半身)……3枚(450g)
- 長ねぎ……1/2本
- A │ キムチの素、ごま油……各大さじ1
  │ レモン汁……小さじ1
  │ しょうゆ……小さじ2
- サラダ油……小さじ2

作り方（15分）

1. 塩さばは、1枚を4～5等分の食べやすい大きさに切る。
2. フライパンにサラダ油を中火で熱し、1を両面こんがりと焼く。
3. 長ねぎをみじん切りにし、Aとよく混ぜ合わせ、2にかける。

 食材チェンジ
塩さば(半身)3枚 ➡ 鶏もも肉600g、またはえび(殻つき)600g

キープOK！
1の状態で保存
■ 冷蔵 2日
■ 冷凍 1か月

ヘルシー

冷蔵 3日 | 冷凍 × | さっぱり

野菜たっぷりでサラダ感覚
さばの甘酢漬け

材料（4～5人分）

- 生さば(半身)……2枚(300g)
- 玉ねぎ……1/2個
- みょうが……2個
- きゅうり……1本
- 片栗粉……適量
- A │ だし汁……100ml
  │ 酢、砂糖……各大さじ4
  │ 塩……小さじ1
- 揚げ油……適量

作り方（20分）

1. 生さばは1枚を3等分に切り、片栗粉を薄くまぶしておく。
2. 玉ねぎは薄切り、みょうがは縦半分に切ってせん切りにする。きゅうりは細切りにする。
3. ボウルにAと2を入れ、よく混ぜ合わせる。
4. 揚げ油を180℃に熱し、1をカラッと揚げ、熱いうちに3に漬け込む。

ポイント
野菜を混ぜた甘酢に、熱々のさばを漬けると味のなじみがよい。

素材をおいしく保存するには

冷蔵 保存：**1日程度**
- 切り身にして汁けをよくふいて、ペーパータオルとラップで包み冷蔵庫へ。鮮度が落ちるのが早いのでなるべく早く調理して。

冷凍 保存：**1か月程度**
- 切り身にしてラップでぴっちりと包み、保存袋に入れて冷凍庫へ。

低温の油で中までじっくり火を通して
さば団子

材料（4～5人分）
- 生さば（半身） …… 2枚（300g）
- A
  - 玉ねぎ（みじん切り） ……… 1/2個分
  - しょうが（みじん切り） ……… 1片分
  - 卵 ……………………… 1個
  - 片栗粉 ……………… 大さじ2
  - みそ ………………… 大さじ1
  - 酒 …………………… 小さじ2
  - しょうゆ …………… 小さじ1
- 揚げ油 …………………… 適量

作り方（20分）
1. 生さばは、身をスプーンでこそげとり、包丁で粗くたたく。
2. ボウルに1のさば、Aを加えてよく混ぜ合わせる。
3. 160℃の揚げ油に、2をスプーンでひと口大にまとめながら入れて、中まで火を通し、最後に強火にして、カラッと揚げる。

キープOK！

2の状態で保存
- 冷蔵 **1**日
- 冷凍 **1**か月

冷蔵 **4**日 ｜ 冷凍 **1**か月　**みそ味**

長持ち

オーブンで焼いて日持ちアップ
焼きしめさば

材料（4～5人分）
- 生さば（半身） …… 4枚（600g）
- 塩 …………………… 小さじ2
- A
  - 酢 ………………… 大さじ2
  - 砂糖 ……………… 小さじ1
- 酒 …………………… 大さじ2
- 粗びき黒こしょう ……… 適量
- サラダ油 ………………… 少々

作り方（50分）
1. 生さばは骨を除いて、1枚を3等分に切り、全体に塩をふって5分ほどおき、Aをまんべんなくかけ、さらに15分ほどおく。
2. 1の汁けをふき取り、酒をまぶし、粗びき黒こしょうをたっぷりとふる。
3. オーブンの天板にアルミホイルを敷いて、サラダ油を塗り、2をのせて200℃で18分ほど焼く。

アレンジ
パンにはさんでさばサンドに。酢めしの上にのせてさば寿司に。

冷蔵 **3**日 ｜ 冷凍 **3**週間　**塩味**

変身

メインおかず

いか

身に透明感があって目がすんでいるものを選び、新鮮なうちに調理しましょう。作りおきのときは内臓を除き、かたくならないようにさっと加熱するのがコツ。

スピード

冷蔵 3日 | 冷凍 1か月

しょうゆ味

焼くとわさびの刺激がやわらぐ

いかのわさびじょうゆ漬け焼き

材料（4～5人分）

- ロールいか ……… 2杯分（250g）
- A
  - しょうゆ、酒 …… 各大さじ2
  - みりん ………… 大さじ1
  - 練りわさび ……… 小さじ2
- ごま油 ……………… 大さじ1

作り方（15分）

1. ロールいかは、斜め格子状に浅く切り込みを入れ、2～3cm幅に切る。
2. Aを混ぜ合わせ、1を15分以上漬ける。
3. フライパンにごま油を中火で熱し、2を入れて、両面焼く。

ポイント
いかに切り込みを入れて繊維を断ち切ることで、やわらかく仕上がる。

キープOK!

2の状態で保存
- 冷蔵 2日
- 冷凍 1か月

ヘルシー

冷蔵 3日 | 冷凍 1か月

塩味

にんにくの香りが食欲を誘う

いかとアスパラの塩にんにく炒め

材料（4～5人分）

- するめいか ……… 1杯（250g）
- グリーンアスパラガス … 10本
- にんにく（薄切り）……… 2片分
- 赤唐辛子（種を除く）……… 1本
- オリーブ油 …… 大さじ1と1/2
- 塩 ………………… 小さじ1/2
- こしょう ……………… 少々

作り方（15分）

1. するめいかは内臓と足を抜き、軟骨を取り除いて洗い、胴は1cmの輪切り、足、えんぺらは食べやすい大きさに切る。
2. グリーンアスパラガスはかたい根元を切り、はかまを取り除いて斜め切りにする。
3. フライパンにオリーブ油、にんにく、赤唐辛子を入れて弱火にかけ、香りが立ったら1、2を強火で炒め、塩、こしょうで調味する。

食材チェンジ
するめいか1杯 ➡ えび（大）8尾、またはゆでだこ（ぶつ切り）350g

素材をおいしく保存するには

 保存：**1**日程度
- 内臓や軟骨を除いて汁けをよくふき、切り分けてペーパータオルを敷いたバットに並べて冷蔵庫へ。

 保存：**1**か月程度
- 内臓や軟骨を除いて汁けをよくふき、切り分けてラップで包み、保存袋に入れて冷凍庫へ。下味をつけておくと便利。

カラフル野菜たっぷりで見た目も楽しい
いかと彩り野菜の南蛮漬け

長持ち

材料（4～5人分）
- するめいか ……… 1杯(250g)
- パプリカ(赤・黄) …… 各1/2個
- なす ………………… 2本
- 片栗粉、揚げ油 …… 各適量
- A
  - 酢 ……………… 50ml
  - しょうゆ、砂糖 …… 各大さじ2
  - 赤唐辛子(輪切り) … 2本分

作り方（20分）
1. するめいかは内臓を取り除いて洗い、汁けをよくふいて、胴は1.5cm幅の輪切り、足は食べやすい大きさに切り、片栗粉を薄くまぶす。
2. パプリカは種を除き、なすとともに乱切りにする。
3. 鍋にAを入れて中火にかけ、ひと煮立ちさせて冷ます。
4. 180℃の揚げ油に、1、2を入れてカラッと揚げ、熱いうちに3に漬ける。

ポイント
いかは汁けをしっかりふいて、片栗粉をまんべんなくまぶすと油がはねにくくなる。

冷蔵 5日 ｜ 冷凍 1か月　**さっぱり**

しみじみおいしいおふくろの味
いかのこっくり煮

変身

材料（4～5人分）
- するめいか ……… 2杯(500g)
- しょうが(せん切り) … 1片分
- A
  - だし汁 ………… 200ml
  - しょうゆ ……… 大さじ3
  - 酒、みりん …… 各大さじ2
  - 砂糖 …………… 小さじ2
- 水溶き片栗粉 …… 大さじ2

作り方（15分）
1. するめいかは内臓と足を抜き、軟骨を取り除いて洗い、胴は1.5cm幅の輪切り、足、えんぺらは食べやすい大きさに切る。
2. 鍋にA、しょうがを入れて中火で煮立て、少し煮つめる。
3. 1のいかを加えて2～3分ほど煮て、水溶き片栗粉を加えて、とろみをつける。

アレンジ
だし汁、カレールウを加えて煮込み、和風シーフードカレーに。

冷蔵 3日 ｜ 冷凍 1か月　**甘辛**

メインおかず

えび

身の模様がはっきりしていて、透明感があるものが新鮮な証拠です。殻つきもむきえびも、背わたを必ず取ってから調理しましょう。

スピード

冷蔵 3日 / 冷凍 1か月　甘辛

子どもが大好きな甘辛い味つけ
えびのケチャップ照り焼き

材料（4〜5人分）

- えび（殻つき）……… 18尾（360g）
- 玉ねぎ ……………… 1/2個
- A 酒 ……………… 大さじ2
-   塩、こしょう ……… 各少々
- サラダ油 …………… 大さじ1
- B 水 ……………… 大さじ4
-   トマトケチャップ … 大さじ2
-   しょうゆ ………… 大さじ1/2
-   砂糖 ……………… 小さじ1
-   片栗粉 …………… 小さじ1弱
-   鶏がらスープの素（顆粒）
- ……………………… 小さじ1/2

作り方（15分）

1. えびは尾を残して殻をむいて、背わたを取ってAをもみ込む。玉ねぎは1cm幅のくし形切りにする。Bは混ぜておく。
2. フライパンにサラダ油を中火で熱し、1の玉ねぎを炒め、えびを調味料ごと加えて、ふたをして1〜2分弱火で蒸し焼きにする。
3. 2に合わせたBを加えて、中火で照りが出るまで煮からめる。

ヘルシー

冷蔵 3日 / 冷凍 3週間　しょうゆ味

シャキ、プリ！の食感が楽しい
えびのれんこんはさみ焼き

材料（4〜5人分）

- むきえび …………… 300g
- れんこん …………… 200g
- A 塩 ……………… 少々
-   片栗粉 …………… 大さじ1
-   しょうが汁 ……… 小さじ1
- 片栗粉 ……………… 適量
- サラダ油 …………… 大さじ1
- B しょうゆ ………… 大さじ2
-   みりん …………… 大さじ3
-   砂糖 ……………… 大さじ1

作り方（20分）

1. れんこんは皮をむいて、3mm厚さの輪切りにし、水にさらして汁けをふく。
2. むきえびは背わたがあれば除いて、包丁の腹でつぶしてからたたいて細かくし、Aを混ぜる。
3. れんこんの片面に片栗粉を薄くまぶし、2枚1組にして、等分した2をはさむ。
4. フライパンにサラダ油を中火で熱し、3を両面焼き、火が通ったらBを加えて、煮からめる。

🍤➡🥔 **食材チェンジ**
むきえび300g ➡ 豚ひき肉300g、または合いびき肉300g

素材をおいしく保存するには

 冷蔵 保存：1日程度
- 殻と背わたを除き、汁けをよくふいて、ラップでぴっちりと包み、冷蔵庫へ。早めに調理すること。

 冷凍 保存：1か月程度
- 殻と背わたを除き、汁けをよくふいて、ラップでぴっちりと包み、保存袋に入れて冷凍庫へ。

長持ち

甘酸っぱいおしゃれな味わい
えびのマスタードマリネ

材料（4〜5人分）
- えび（殻つき）……24尾（480g）
- セロリ……1/4本
- パプリカ（赤）……1/2個
- 塩、酒……各少々
- **A** 粒マスタード、しょうゆ、はちみつ……各大さじ2
  レモン汁、オリーブ油……各大さじ1

作り方（30分）
1. えびは背わたを取って洗い、塩、酒を加えた熱湯に入れて、煮立ったら火を止め、ゆで汁ごと冷ます。
2. セロリはすじを取り、パプリカとともに薄切りにして、耐熱容器に入れ、ラップをして電子レンジ（600W）で40秒加熱して、ザルにあげて汁けをきる。
3. **1**の殻をむいて汁けをふき取ってボウルに入れ、**2**、**A**を加え、よく混ぜ合わせてなじませる。

ポイント
えびは殻つきのままゆでて、ゆで汁ごと冷ましてから殻をむくと、ふっくら仕上がる。

冷蔵 4日 ／ 冷凍 × ／ さっぱり

変身

おもてなしにさっと作れる
えびのハーブグリル

材料（4〜5人分）
- えび（殻つき）……24尾（480g）
- **A** バジル（乾燥）……小さじ1/2
  にんにく（みじん切り）……1片分
  塩……小さじ2/3
  こしょう……少々
  オリーブ油……大さじ1と1/2

作り方（20分）
1. えびは尾を残して殻をむき、背に包丁で切り込みを入れて、背わたを取って洗い、汁けをふく。
2. **A**に**1**を加えてよくもみ込んで、10分ほどおく。
3. フライパンに**2**を汁ごと入れ、中火で色が変わるまで焼く。

 アレンジ
サラダのトッピングや、トマト系、オイル系などのパスタソースに加えて。

キープOK！
2の状態で保存
- 冷蔵 1日
- 冷凍 1か月

冷蔵 3日 ／ 冷凍 1か月 ／ 塩味

メインおかず

ゆでだこ・貝類

ゆでだこは足が太いもの、貝は身がふっくらしているものを選び、購入したらすぐに調理しましょう。二枚貝は砂抜きをしてから、冷凍保存しておくと便利。

スピード

冷蔵 3日 / 冷凍 1か月　ピリ辛

スペイン風の味つけで
たこのガリシア風

材料（4〜5人分）
- ゆでだこ……400g
- じゃがいも……2個
- にんにく（みじん切り）……1片分
- 黒オリーブ（種抜き）……8個
- オリーブ油……大さじ1と1/2
- A 塩……小さじ1/2
  - こしょう、チリペッパー……各少々

作り方（15分）
1. じゃがいもは皮をむいて1.5cm角に切って水にさらし、ザルにあげて水けをきって耐熱容器に入れてラップをし、電子レンジ（600W）で1分30秒加熱する。
2. ゆでだこは足先を除いてひと口大に切り、黒オリーブは輪切りにする。
3. フライパンにオリーブ油、にんにくを弱火にかけ、香りが立ったら1を加えて、中火で色よく炒める。2のたこ、オリーブを加えてさっと炒め、Aで調味する。

アレンジ
パスタとあえてペペロンチーノに。オムレツや、ラタトゥイユの具にしても。

ヘルシー

冷蔵 2日 / 冷凍 1か月　塩味

貝と肉のうまみを吸ったキャベツが美味
あさりとキャベツの酒蒸し

材料（4〜5人分）
- あさり（殻つき）……400g
- 豚バラ薄切り肉……200g
- キャベツ……1/4個
- パプリカ（黄）……1/2個
- A こしょう……少々
  - 酒……大さじ3
  - 白すりごま、ごま油……各大さじ1

作り方（20分）
1. あさりは砂抜きし、殻をこすり合わせて洗う。豚バラ薄切り肉は5〜6等分に切る。キャベツはざく切りに、パプリカは種を除いて1cm幅に切る。
2. フライパンにキャベツ、パプリカ、豚肉、あさりの順に広げてのせ、Aをふってふたをして、強火にかける。
3. 煮立ったら弱火にし、10〜15分蒸し煮にする。

食材チェンジ
豚バラ薄切り肉200g→厚揚げ（縦半分に切って薄切り）1枚

素材をおいしく保存するには

冷蔵　保存：**1日**程度
- ゆでだこ、ベビーほたては酒をふってラップで包む。あさりなどの二枚貝は砂抜きをして、その日のうちに調理する。

冷凍　保存：**1か月**程度
- ゆでだこ、ベビーほたては酒をふって保存袋に入れ、貝類は砂抜きして保存袋に入れて冷凍する。

長持ち

ベビーほたてを使って調理ラクラク
ほたてときのこの甘辛煮

材料（4〜5人分）
- ベビーほたて……400g
- しめじ……1パック
- しょうが（せん切り）……1片分
- **A** オイスターソース、しょうゆ……各大さじ1と1/2
  - 酒……大さじ4
  - みりん……大さじ2

作り方（⏲15分）
1. しめじは石づきを落とし、小房に分ける。
2. 鍋に**A**を入れて中火で煮立て、**1**、しょうが、ベビーほたてを入れ、ときどき混ぜながら汁けがなくなるまで煮る。

 食材チェンジ
ベビーほたて400g ➡ するめいか（下処理してざく切り）2杯

キープOK!
1の状態で保存
- ■ 冷蔵 **3**日
- ■ 冷凍 **1**か月

冷蔵 **4**日 ｜ 冷凍 **1**か月　　**甘辛**

変身

カレー風味でビールにぴったり
たこのスパイシー揚げ

材料（4〜5人分）
- ゆでだこ……400g
- **A** しょうゆ、みりん、酒……各大さじ1
  - おろしにんにく……小さじ1
- **B** 片栗粉……大さじ4
  - カレー粉……小さじ1
- 揚げ油……適量

作り方（⏲20分）
1. ゆでだこはひと口大に切って、**A**をまぶし、10分ほどなじませてから汁けをふく。
2. **1**に合わせた**B**をまぶし、180℃の揚げ油でさっと揚げる。

 アレンジ
にんにくの芽（ざく切り）、ごはんと炒めてカレーチャーハンに。

キープOK!
1の状態で保存
- ■ 冷蔵 **2**日
- ■ 冷凍 **1**か月

冷蔵 **3**日 ｜ 冷凍 **1**か月　　**スパイシー**

アレンジ自在！魚介の下味冷凍

下味をつけて冷凍すると、解凍して炒めたり、焼いたり、揚げるだけで、すぐ1品が完成！
ここでは下味冷凍・アレンジレシピを紹介します。

生鮭（ごまみそ）

生鮭2切れ
＋
- みそ……50g
- 酒……大さじ2
- 白すりごま……大さじ1と1/2
- みりん……大さじ1
- 砂糖……大さじ1/2

冷凍 1か月

→ めかじき、生たらでもOK！

レシピ❶ 鮭のごまちゃんちゃん焼き

1. じゃがいも1個はいちょう切りに、キャベツ2枚はざく切りに、しめじ1/2パックは石づきを落として、小房に分ける。
2. フライパンにバター10gを溶かし、**1**を中火で炒めて、解凍した**生鮭2切れ**を漬け汁ごとのせ、酒大さじ1をふり、ふたをして7～8分蒸し焼きにする。

レシピ❷ 鮭の和風ミルクスープ

1. 解凍した**生鮭2切れ**は、3等分に切る。かぶ2個は6等分に、かぶの葉はざく切りにする。
2. 鍋に水300ml、コンソメスープの素（顆粒）小さじ1を煮立て、**1**と鮭の漬け汁を加えて、10分ほど中火で煮る。
3. 牛乳150mlを加えて、2～3分煮る。

めかじき（甘辛しょうゆ）

めかじき2切れ
＋
- しょうゆ……大さじ1と1/2
- 酒、みりん……各大さじ1
- 砂糖……大さじ1/2

冷凍 1か月

→ ぶり、生たらでもOK！

レシピ❶ かじきの照り焼き

1. 解凍した**めかじき2切れ**は汁をきり、漬け汁におろししょうが小さじ1/2を加える。
2. フライパンにサラダ油小さじ1を中火で熱し、ししとう（数か所穴をあける）4本をさっと炒めて取り出す。
3. **2**のフライパンにめかじきを入れて、両面焼き色がついたら、**1**の漬け汁を加えてからめる。

レシピ❷ かじきのチーズピカタ

1. 解凍した**めかじき2切れ**は汁をふき、小麦粉適量をまぶす。
2. ボウルに溶き卵1個分、粉チーズ大さじ1、パセリ（みじん切り）小さじ1を加えて混ぜる。
3. フライパンにサラダ油大さじ1/2を中火で熱し、**2**をまぶした**1**を焼く。焼き色がついたら裏返し、ふたをして、弱火でさらに2分ほど焼く。

あじ（ハーブオイル）

あじ（三枚おろし）2尾分（塩、こしょう各少々をふり、10分ほどおいて汁けをふく）
＋
- にんにく（薄切り）……1片分
- ドライバジル……小さじ1/2
- オリーブ油……大さじ2

冷凍 1か月

→ 生鮭、めかじき、えびでもOK！

レシピ❶ あじのハーブパン粉焼き

1. 解凍した漬け汁全量、オリーブ油大さじ1、パン粉大さじ4を混ぜ合わせる。
2. アルミホイルに解凍した**あじ2尾分**を並べて、**1**をのせ、オーブントースターでこんがりと焼く。

レシピ❷ あじのアヒージョ

1. 解凍した**あじ2尾分**は食べやすい大きさに切る。マッシュルーム4個は半分に、ズッキーニ1/2本は輪切りにする。
2. 鍋に**1**、あじの漬け汁、オリーブ油100mlを入れて弱めの中火で7～8分煮て、塩、こしょう各適量で調味する。

※分量は2人分で表記しています。※必ず生の食材を使い、再冷凍は避けてください。

下味冷凍法

1. 食材と調味料を保存袋に入れて、空気を抜いて、密閉する。
2. 平らにして調味料を全体になじませ、冷凍する。

下味冷凍の調理法

解凍する
- 電子レンジの解凍モードか、冷蔵庫に移して解凍を。冬は常温で解凍してもOK。
- 解凍後は再冷凍を避け、早めに調理してください。

加熱する
- 炒める　フライパンに油を熱し、漬け汁ごと入れて炒める。
- 焼く　オーブンや魚焼きグリルでこんがりと焼く。
- 揚げる　小麦粉、溶き卵、パン粉をまぶし、揚げ油で揚げる。

ぶり（しょうがじょうゆ）

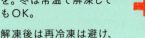

ぶり2切れ
＋
おろししょうが ……1/2片分
しょうゆ、みりん、酒 …… 各大さじ1

冷凍 1か月

➡ まぐろ（刺身）、さんま（三枚おろし）でもOK！

レシピ❶ ぶりカツ

1. 解凍したぶり2切れは汁けをふき、小麦粉、溶き卵、パン粉各適量を順にまぶす。
2. 160〜170℃の揚げ油適量でカラッと揚げる。

レシピ❷ ぶり照り丼

1. 解凍したぶり2切れは汁けをきり、サラダ油大さじ1/2を熱したフライパンに入れて両面焼く。
2. フライパンの油をふき取り、漬け汁半量、みりん大さじ1/2を加えてからめる。
3. ごはんに食べやすく切った❷をのせ、万能ねぎ（小口切り）、白いりごま各適量をふる。

えび（ねぎ塩）

えび（殻つき）8尾
（背わたを取って殻をむく）
＋
長ねぎ（みじん切り） ……1/8本分
酒 ……… 大さじ1
塩 ……… 小さじ1/4
こしょう …… 少々

冷凍 1か月

➡ いか、ほたて、ゆでだこでもOK！

レシピ❶ えびと卵の炒めもの

1. フライパンにごま油大さじ1/2を熱し、溶き卵2個分を加えて炒め、半熟になったら取り出す。
2. ❶のフライパンにごま油大さじ1/2を熱し、解凍したえび8尾、グリーンアスパラガス（斜め切り）2本を炒めて、酒小さじ1をふり、えびの色が変わったら❶をもどし入れて、塩、こしょう各少々をふる。

レシピ❷ えびのエスニック焼きそば

1. フライパンにサラダ油大さじ1/2を中火で熱し、解凍したえび8尾を漬け汁ごと入れて炒め、色が変わったら中華蒸し麺2玉、もやし1/2袋を加えて炒める。
2. にら（ざく切り）1/4束、オイスターソース、酒各大さじ1を加えて炒め合わせ、粗びき黒こしょう少々をふる。

いか（わたじょうゆ）

いか1杯
（胴は輪切り、げそは食べやすく切る）
＋
いかのわた ‥1杯分
しょうゆ、酒 …… 各大さじ1
みりん ‥大さじ1/2
おろししょうが …… 小さじ1

冷凍 2週間

➡ さんまとさんまのわたでもOK！

レシピ❶ いかと大根のわた煮

1. 大根150gは1.5cm厚さの半月切りにし、下ゆでする。
2. 鍋にだし汁200ml、しょうゆ大さじ1、漬け汁大さじ2を合わせて煮立て、いか1杯分を加えて、さっと煮て取り出す。
3. ❷の鍋に❶を入れて落としぶたをし、15分ほど煮て、❷のいかをもどし入れてさっと煮る。

レシピ❷ いかと小松菜のバターしょうゆ炒め

1. 小松菜1/2束はざく切りにする。
2. フライパンにバター10gを溶かし、解凍したいか1杯分を漬け汁ごと加えて強火で炒め、❶を加えてさっと炒め合わせる。

メインおかず

ツナ

もともと保存食として作られ、日持ちする食材ですが、缶を開けたら早めに食べ切りましょう。缶汁に浸かるように保存すると、しっとり感がキープできます。

スピード

冷蔵 4日 | 冷凍 1か月　甘辛

ツナを使ってあっさり仕上げる

ツナの青椒肉絲（チンジャオロースー）

材料（4〜5人分）

- ツナ（缶詰）……小2缶(160g)
- たけのこ（細切り・水煮）……100g
- ピーマン（緑、赤）……各1個
- A
  - オイスターソース……大さじ1と1/2
  - しょうゆ……小さじ2
  - 酒、片栗粉……各大さじ1
  - 砂糖、鶏がらスープの素（顆粒）……各小さじ1
  - 水……大さじ2

作り方（15分）

1. たけのこは水けをきり、ピーマンは種を除いて細切りにする。
2. フライパンを中火で熱し、ツナを缶汁ごと入れ、さっと炒める。
3. 1を加えて炒め合わせ、油が回ったら、合わせたAを入れて、全体を混ぜ合わせる。

キープOK!

1の状態で保存
- 冷蔵 2日
- 冷凍 1か月

ヘルシー

冷蔵 3日 | 冷凍 3週間　しょうゆ味

ツナと白菜のあっさりコンビで

ツナと白菜のミニ春巻き

材料（4〜5人分）

- ツナ（缶詰）……小2缶(160g)
- 白菜……200g
- 春巻きの皮……8枚
- 春雨（乾燥）……30g
- しょうが（せん切り）……1片分
- ごま油……大さじ1
- A
  - 酒、しょうゆ……各大さじ1
  - こしょう……少々
- 水溶き小麦粉、サラダ油……各適量

作り方（30分）

1. ツナは缶汁をきり、白菜は繊維を断つように1cm幅に切り、春雨はゆでて、食べやすい長さに切る。
2. フライパンにごま油を中火で熱し、1、しょうがを炒め、Aを加えて汁けをとばしながら炒め合わせ、取り出して冷ます。
3. 春巻きの皮を対角線で半分に切り、16等分した2をのせて包み、巻き終わりを水溶き小麦粉でとめる。
4. フライパンにサラダ油を高さ3cmほど入れて中火で熱し、3をカラッと揚げ焼きにする。

ポイント
具をしっかり冷まさないと、皮がふやけて破れたり、破裂の原因になるので注意。

素材をおいしく保存するには

 冷蔵 保存：**3日程度**
- 缶から必ず出して保存容器に移し、ぴっちりふたをして冷蔵庫へ。

 冷凍 保存：**1か月程度**
- 缶から必ず出して、保存袋に缶汁ごと入れて冷凍庫へ。

トマトとツナでうまみ倍増
ツナのラタトゥイユ

長持ち

材料（4〜5人分）
- ツナ（缶詰）……小2缶（160g）
- なす …………………… 2本
- ズッキーニ ……………… 1本
- 玉ねぎ …………………… 1個
- にんじん ……………… 1/2本
- トマト …………………… 2個
- オリーブ油 …………… 大さじ3
- にんにく ………………… 1片
- ローリエ ………………… 1枚
- 塩 …………………… 小さじ1/2

ポイント
最後にトマトの水分をとばすように煮ると、日持ちがアップする。

作り方（40分）
1. ツナは缶汁をきる。なす、ズッキーニ、玉ねぎは2〜3cmの乱切り、にんじんは皮をむいて薄切りに、トマトはヘタを取って大きめのざく切りにする。
2. 鍋にオリーブ油、包丁の腹でつぶしたにんにくを入れて弱火で熱し、香りが立ったら、ツナ、玉ねぎ、にんじんを加えて、中火でさっと炒める。
3. **2**になす、ズッキーニを加えて炒め合わせ、トマト、ローリエ、塩を加えてふたをして15〜20分、水分をとばすように弱火で煮る。

冷蔵 **5日** ／ 冷凍 **1か月** ／ さっぱり

熱々のぐつぐつを召し上がれ
ツナのみそチーズ焼き

変身

材料（4〜5人分）
- ツナ（缶詰）……小2缶（160g）
- マッシュルーム（薄切り・水煮）
  …………………………… 50g
- 玉ねぎ …………………… 1個
- バター …………………… 20g
- **A** ┌ ホワイトソース（缶詰）
  │ ………………………… 1/2缶
  │ 牛乳 ……………… 100ml
  └ みそ …………… 大さじ1
- ピザ用チーズ …………… 40g

 アレンジ
牛乳、コンソメスープでのばし、ゆでたパスタにかけて。ごはんを加えてリゾットにしても。

作り方（15分）
1. ツナ、マッシュルームは水けをきり、玉ねぎは薄切りにする。
2. フライパンにバターを中火で熱し、**1**をしんなりするまで炒める。
3. **A**を加え、なめらかになるまで混ぜ合わせる。
4. 耐熱容器（写真は11×16cmのホーローバット）にバター（分量外）を塗り、**3**を流し入れて、ピザ用チーズをのせ、オーブントースターでこんがりと焼き、パセリのみじん切り少々（分量外）を散らす。

冷蔵 **4日** ／ 冷凍 **1か月** ／ こっくり

メインおかず

豆腐

消費期限を確かめて、できるだけ新しいものを選びましょう。作りおきするときは水けをしっかりとばし、濃いめの味つけにすると日持ちしやすくなります。

スピード

冷蔵 3日 / 冷凍 ✕ / ピリ辛

トマトの酸味と辛みがマッチ
トマト麻婆豆腐

材料（4～5人分）

- 絹ごし豆腐 ……… 1丁(300g)
- トマト ……………… 大1個
- 豚ひき肉 ……………… 200g
- しょうが、にんにく（各みじん切り）
  ……………………… 各1片分
- 長ねぎ（みじん切り）…… 1/3本分
- サラダ油 ……………… 大さじ1
- 豆板醤 ………………… 小さじ1
- A
  - しょうゆ ………… 大さじ1
  - 鶏がらスープの素（顆粒）、
    砂糖 ………… 各小さじ1
  - 水 ………………… 200ml
- 水溶き片栗粉 ……………… 適量

作り方（⏱15分）

1. 絹ごし豆腐は水けをきって、食べやすい大きさに切り、トマトはヘタを取ってざく切りにする。
2. フライパンにサラダ油を中火で熱し、しょうが、にんにく、長ねぎを入れて炒め、香りが立ったら、豚ひき肉、豆板醤を加えて炒める。
4. 1のトマトを加えて軽く炒め、合わせたAを加える。ひと煮立ちしたら、豆腐を加えてひと煮し、水溶き片栗粉を入れて、とろみをつける。

ヘルシー

冷蔵 3日 / 冷凍 ✕ / スパイシー

具材たっぷりで彩りきれい
カレー風味の炒り豆腐

材料（4～5人分）

- 木綿豆腐 ……… 1丁(300g)
- 鶏もも肉 ……………… 150g
- れんこん ……………… 80g
- にんじん ……………… 1/3本
- しいたけ ……………… 2枚
- グリーンピース（水煮）
  ……………………… 40～50g
- 溶き卵 ………………… 1個分
- サラダ油 ……………… 大さじ1
- カレー粉 ……………… 小さじ1
- A
  - しょうゆ、酒 … 各大さじ2
  - みりん ………… 大さじ1
  - 砂糖 …………… 小さじ2

作り方（⏱20分）

1. 鶏もも肉は小さめのひと口大に、れんこん、にんじんは皮をむいていちょう切りに、しいたけは石づきを落とし、薄切りにする。
2. 鍋にサラダ油を中火で熱し、1を入れて炒め、油が回ったら、水けをきった木綿豆腐を崩しながら加えて、さっと炒め合わせる。
3. カレー粉、Aを加え、汁けがなくなるまで中火で煮る。グリーンピースを加え、溶き卵を回し入れて、大きく混ぜ合わせる。

素材をおいしく保存するには

 冷蔵 保存：**1**日程度
● パックから出したら保存容器に移して水を張り、ぴっちりふたをして冷蔵庫へ。

 冷凍 保存：**1**か月程度
● 冷凍すると凍り豆腐（高野豆腐）になる。食べやすい大きさに切り、くっつかないように保存袋に入れて、冷凍庫へ。

長持ち

外はカリッ、中はとろ〜り
豆腐の塩麹から揚げ

材料（4〜5人分）
- 木綿豆腐 ………… 1丁（300g）
- 塩麹 …………………… 大さじ3
- 片栗粉、揚げ油 ……… 各適量

作り方（⏱15分）
1. 木綿豆腐は重しをして、しっかりと水きりし、半分に切る。
2. 1に塩麹をまぶしてペーパータオルで包み、保存袋に入れて密閉し、2〜3日漬ける。
3. 2の豆腐を2〜3cm角に切って、片栗粉を薄くまぶし、180℃の揚げ油でカラッと揚げる。

保存のコツ！
1切れずつペーパータオルに包み、保存袋に入れて密閉する。

ポイント
時間がないときは、漬け時間を2〜3時間にしてもよい。

冷蔵 **4**日 ／ 冷凍 **×** 　塩味

変身

みそ味でソースなしでもおいしい
豆腐ハンバーグ

材料（4〜5人分）
- 木綿豆腐 ………… 1丁（300g）
- 玉ねぎ ……………………… 1/2個
- にんじん …………………… 1/4個
- 芽ひじき（乾燥）……………… 2g
- サラダ油 ………………… 大さじ1
- **A**
  - 卵 ………………………… 1個
  - 片栗粉 ………………… 大さじ4
  - みそ ………………… 大さじ1/2
  - 塩、こしょう ………… 各少々

作り方（⏱20分）
1. 木綿豆腐はしっかりと水けをきり、玉ねぎ、にんじんは皮をむいてみじん切りにし、フライパンに半量のサラダ油を中火で熱し、しんなりするまで炒める。芽ひじきは水でもどす。
2. ボウルに**1**、**A**を入れてよく混ぜ、10等分にし、小判形に成形する。
3. フライパンに残りのサラダ油を入れて中火で熱し、**2**の両面をこんがりと焼く。

アレンジ
めんつゆ（ストレート）、きのこを煮立て、水溶き片栗粉でとろみをつけたあんをかけて。

冷蔵 **3**日 ／ 冷凍 **1**か月 　みそ味

メインおかず

卵

消費期限がなるべく先のものを購入し、割ったら卵黄が盛り上がっているものを使います。しっかりと火を通し、濃いめの味つけにすると日持ちしやすくなります。

スピード

冷蔵 3日 / 冷凍 2週間　こっくり

マヨネーズで卵がふわふわ
コンビーフとさやえんどうの卵炒め

材料（4〜5人分）

- 卵 ……………………… 3個
- コンビーフ（缶詰）……… 1缶
- さやえんどう ………… 10枚
- A マヨネーズ …… 大さじ2
- 　こしょう ………… 少々
- サラダ油 ………… 大さじ2

作り方（15分）

1. コンビーフは手で食べやすい大きさにちぎり、さやえんどうはすじを取る。
2. 卵はボウルに割りほぐし、Aを加えて混ぜ合わせる。
3. フライパンにサラダ油の半量を中火で熱し、1を炒める。
4. 3を端に寄せ、残りのサラダ油を足して、2を一気に流し入れる。強火にして全体を大きく混ぜ合わせて、火を止める。

ポイント
卵を使ったおかずは、すぐに食べない場合は、しっかりと火を通す。

ヘルシー

冷蔵 3日 / 冷凍 2週間　甘辛

ホーローで焼いてそのまま保存！
エスニックオムレツ

材料（4〜5人分）

- 卵 ……………………… 4個
- 豚ひき肉 ……………… 100g
- 切り干し大根（乾燥）…… 15g
- にんじん ……………… 1/3本
- 香菜（ざく切り）…… 1/2束分
- A ナンプラー
  　……… 大さじ1と1/2
- 　砂糖 ………… 小さじ1
- 塩、こしょう ……… 各少々
- オリーブ油 ……… 大さじ1

作り方（30分）

1. 切り干し大根はもどして食べやすい長さに切る。にんじんは皮をむいてせん切りにする。
2. フライパンにオリーブ油を中火で熱し、豚ひき肉を炒め、1を加え、しんなりするまで炒め、香菜、Aを加えて混ぜ合わせる。
3. ボウルに卵を割りほぐし、塩、こしょう、粗熱をとった2を加えて混ぜ合わせる。
4. 耐熱容器にクッキングシートを敷いて3を流し入れ、200℃のオーブンで20分ほど焼く。

ポイント
写真は11×16cmのホーローバットを使用。必ず、オーブン対応の容器で焼くこと。

素材をおいしく保存するには

 冷蔵 　**保存：1週間程度**
- とがったほうを下にして冷蔵庫へしまうと、卵黄が殻にふれずに長持ちする。

 冷凍 　**保存：2週間程度**
- 生卵を殻ごと保存袋に入れて冷凍卵に。砂糖を多めに入れて卵焼きにしても冷凍できる。

肉巻きにしてボリュームアップ
うずら卵の肉巻き

長持ち

材料（4～5人分）
- うずら卵（水煮）……12個
- 豚薄切り肉（ロースまたはもも）……12枚
- 小麦粉……適量
- サラダ油……小さじ2
- **A**
  - しょうゆ、みりん……各大さじ2
  - 豆板醤……小さじ1/2

作り方（⏱20分）
1. うずら卵は水けをふいて、豚薄切り肉を巻き、小麦粉を薄くまぶす。
2. フライパンにサラダ油を中火で熱し、**1**の巻き終わりを下にして入れ、転がしながら全体に焼き目がつくまで焼いて取り出す。
3. フライパンを軽くふき、**A**を入れて、弱めの中火にかけてとろみがつくまで煮つめ、**2**を入れてからめる。

 食材チェンジ
豚薄切り肉12枚 ➡ 牛もも薄切り肉12枚

冷蔵 **4**日／冷凍 **2**週間　**ピリ辛**

お弁当にぴったりのおかず
卵のきんちゃく煮

変身

材料（4～5人分）
- 卵……4個
- 油揚げ……2枚
- **A**
  - だし汁……400mℓ
  - 薄口しょうゆ、酒、みりん……各大さじ1
  - 塩……小さじ1/4

作り方（⏱25分）
1. 油揚げは箸を転がしてから半分に切り、口を開いておく。
2. **1**の油揚げに卵を1個ずつ割り入れ、口をつま楊枝でとめる。
3. 鍋に**A**を入れて中火で煮立て、**2**を加えて、ときどき煮汁をかけながら、10～15分煮る。
※すぐに食べない場合は、しっかり火を通す。

 アレンジ
下ゆでした大根、こんにゃく、ちくわなどと一緒に、おでんのスープで煮て。

キープOK!
1の状態で保存
- 冷蔵 **3**日
- 冷凍 **1**か月

冷蔵 **3**日／冷凍 **2**週間　**しょうゆ味**

COLUMN

道具選びで
まとめ作りのお悩み解決

たくさんの食材をまとめて調理することが多い作りおき。
わからないことやストレスになっていることは、
意外と道具選びで解決するかもしれません。

お悩み キッチンが狭いので、切った食材が全部置けません。

\ 同じ形のものが◎ /

解決 切った食材はバットにどんどん入れて。形の同じものを2つ以上そろえておくと、重ねておけるので、キッチンの省スペースに。

お悩み 食材の量が多く、うまく混ぜることができません。

\ サイズ違いをそろえて /

解決 葉もの野菜をあえるときや、肉だねを練り混ぜるときは、直径25cm以上の深めのボウルがおすすめ。そのほかにも中サイズ、小サイズとそろえて使い分けて。

お悩み おかずを複数作っていると、時間を忘れてしまいます。

\ デジタルがおすすめ /

解決 長時間煮るものなどはキッチンタイマーをかけておきましょう。時間を気にせず他の調理に集中できます。濡れた手でさわれるデジタルタイプがベター。

お悩み 味つけをする段階で、モタモタしてしまいます。

\ 複数そろえて /

解決 ミニボウルに調味料や切った薬味などをあらかじめ合わせておくとスピーディに調理できます。100円ショップなどで複数そろえておくと、とっても便利。

お悩み 調味料を効率よく量るにはどうしたらいいですか？

\ いくつかもっておこう /

解決 計量スプーンは頻繁に使うアイテムなので、量るたびに洗うと時間のロスに。複数そろえたり、1本で大さじと小さじが量れるものが便利です。

お悩み 野菜を大量に切るのが大変なのですが…。

\ あると重宝 /

解決 そんなときはフードプロセッサーに頼ってみて。機種により、せん切りやみじん切りができるものも。無理して購入する必要はありませんが、あると重宝します。

サブおかず

野菜・きのこ・豆・乾物

食卓に彩りをそえたり、栄養バランスがアップするサブおかずの章です。

4つのタイプで迷わず選べる

サラダ・マリネ / めしとも / ボリューム / ラクラク

サブおかず

にんじん

オレンジ色が鮮やかで、重量感があるものを選びましょう。根先から傷むので、先のほうから使い、加熱は短めにして歯ごたえを残して。

サラダ・マリネ

冷蔵 3日 / 冷凍 1か月　さっぱり

ポリポリ食べられる箸休め
にんじんの浅漬け風スティックサラダ

材料（4〜5人分）
- にんじん …… 2本（400g）
- 大根 …… 1/8本
- きゅうり …… 1本
- 塩 …… 小さじ1/2
- A
  - 酢 …… 大さじ3
  - 砂糖、オリーブ油 …… 各大さじ1
  - レモン汁、塩 … 各小さじ1

作り方（10分）
1. にんじん、大根は皮をむいて、長めの乱切りにする。きゅうりは長めの乱切りにして、塩をふり、15分ほどなじませる。
2. 1にAを加えて、30分ほど味をなじませる。

アレンジ
細かく切って、クリームチーズとあえてディップに。

キープOK！
1の状態で保存
- 冷蔵 1日
- 冷凍 1か月

めしとも

冷蔵 3日 / 冷凍 1か月　しょうゆ味

切り分けると市松模様がきれい
にんじんと大根の信田煮（しのだに）

材料（4〜5人分）
- にんじん …… 2本（400g）
- 大根 …… 縦1/8本
- 油揚げ …… 4枚
- A
  - だし汁 …… 400㎖
  - 酒、みりん …… 各大さじ1と1/2
  - しょうゆ …… 大さじ1
  - 砂糖 …… 小さじ1

作り方（20分）
1. にんじん、大根は皮をむいて、15cm長さの1mm角の棒状を各8本切る。
2. 油揚げは油抜きをし、長い一辺を残して、三辺を包丁で切って、菜箸をのせて転がし、開く。
3. 2に1の1/4量を交互に並べて市松模様にし、端から巻いて、巻き終わりをつま楊枝でとめる。
4. 鍋にAを入れて強火にかけ、ひと煮立ちしたら3を加えて落としぶたをし、中火で15分ほど、野菜がやわらかくなるまで煮る。

 食材チェンジ
大根1/8本 → ごぼう100g、またはさやいんげん8本

素材をおいしく保存するには

 冷蔵 保存：2〜3日程度
- 水けをふき取り、保存袋に入れて冷蔵庫の野菜室へ。寒い時季は新聞紙に包み常温でも保存可能。

 冷凍 保存：1か月程度
- 細切りにしてラップに包み、保存袋へ。使いやすい大きさに切り、ゆでてから冷凍しても便利。

バターの香りで洋風に
にんじんしりしり

材料（4〜5人分）
- にんじん ……… 2本（400g）
- サラダ油 ……… 大さじ1
- バター ……… 20g
- A 溶き卵 ……… 2個分
- 　塩 ……… 小さじ1/3

作り方（10分）
1. にんじんは皮をむいて、せん切りにする。
2. フライパンにサラダ油を強火で熱し、1のにんじんを加えて炒め、しんなりしてきたらバターを加えてひと混ぜする。
3. 合わせたAを全体に回しかけて、さっと混ぜて、卵に火が通るまで炒め合わせる。

ポイント
溶き卵を加えたら、ひと呼吸おいてかき混ぜると、にんじんとよくからむ。

ボリューム

冷蔵 3日 ｜ 冷凍 2週間 　**塩味**

しみじみおいしい組み合わせ
にんじんとしめじのきんぴら

材料（4〜5人分）
- にんじん ……… 2本（400g）
- しめじ ……… 1パック
- ごま油 ……… 大さじ1
- A しょうゆ ……… 大さじ1
- 　みりん、砂糖 ……… 各大さじ1/2

作り方（10分）
1. にんじんは皮をむいて、拍子木切りに、しめじは石づきを落とし、小房に分ける。
2. フライパンにごま油を中火で熱し、1のにんじんを入れて、炒める。
3. しんなりしてきたら、しめじを加えて炒め、合わせたAを加えて、汁けがなくなるまで炒める。

食材チェンジ
しめじ1パック➡エリンギ、しいたけ、えのきだけなど他のきのこ100g

キープOK!

1の状態で保存
- 冷蔵 3日
- 冷凍 1か月

ラクラク

冷蔵 3日 ｜ 冷凍 1か月 　**甘辛**

101

サブおかず（にんじん）

サラダ・マリネ

冷蔵 4日 ｜ 冷凍 1か月　**甘酸っぱい**

フルーツを入れてデザート感覚
オレンジキャロット

材料（4〜5人分）
にんじん ……… 2本（400g）
オレンジ …………… 1個
レーズン ………… 大さじ2
塩 ……………… 小さじ2/3
A オリーブ油
　　……… 大さじ1と1/2
　酢 …………… 大さじ1
　はちみつ ……… 小さじ1
　粗びき黒こしょう …少々

作り方（⏱15分）
1 にんじんは皮をむいて、せん切りにして、塩をふってもむ。
2 オレンジは包丁で皮と薄皮をむいて、房切りにする。薄皮に残った果汁は絞っておく。
3 ボウルにAを混ぜ合わせ、水けをきった1、2の果肉と果汁、レーズンを入れてあえる。

ポイント
にんじんは塩をふってもみ、水けをきることで、日持ちがアップする。

めしとも

冷蔵 5日 ｜ 冷凍 1か月　**甘辛**

昆布とちくわのうまみを効かせて
にんじんの刻み昆布煮

材料（4〜5人分）
にんじん ……… 1本（200g）
ちくわ ……………… 2本
さやいんげん ……… 4本
刻み昆布（乾燥）……… 30g
A だし汁 ………… 200mℓ
　しょうゆ、酒 …各大さじ2
　みりん ………… 大さじ3

作り方（⏱20分）
1 にんじんは皮をむいて、短冊切りに、ちくわは斜め薄切りに、さやいんげんはすじを取り、2cmの斜め切りにする。
2 刻み昆布はさっと洗って水でもどし、ザルにあげて水けをきる。
3 鍋にAを入れて中火にかけ、ひと煮立ちしたら1のにんじん、ちくわ、2の昆布を加える。落としぶたをして、弱火で10分ほど煮たら、さやいんげんを加えて1分ほど加熱する。

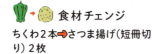食材チェンジ
ちくわ2本→さつま揚げ（短冊切り）2枚

かつお節をたっぷりからめて
にんじんと厚揚げの土佐煮

材料（4〜5人分）
にんじん……… 2本（400g）
厚揚げ…………………… 1枚
かつお節………………… 8g
A ┌ だし汁 ……………250㎖
　├ しょうゆ ……… 大さじ2
　├ 酒、みりん …… 各大さじ1
　└ 砂糖 …………… 小さじ1

作り方（20分）
1 にんじんは皮をむいて、乱切りにし、厚揚げは湯通しして、ひと口大に切る。
2 鍋にAを入れて中火で煮立て、1を加えて、煮汁がほとんどなくなるまで煮る。
3 かつお節を加えて、中火で煮からめながら、全体を混ぜる。

ボリューム

冷蔵 5日 ／ 冷凍 ✕　しょうゆ味

 食材チェンジ
にんじん2本➡たけのこ（水煮）400g、またはごぼう2本

市販のドレッシングでかんたん味つけ
にんじんとれんこんのすっぱ炒め

材料（4〜5人分）
にんじん……… 2本（400g）
れんこん ……………… 1節
サラダ油 …………大さじ1
中華ドレッシング（市販）
　………………………90㎖
白いりごま ……………少々

作り方（10分）
1 にんじん、れんこんは皮をむいて、いちょう切りにする。れんこんは水にさらし、ザルにあげて水けをきる。
2 フライパンにサラダ油を中火で熱し、1を炒める。
3 油が回ったら火を止め、中華ドレッシングを加えて混ぜ、白いりごまをふる。

ラクラク

冷蔵 4日 ／ 冷凍 1か月　さっぱり

 食材チェンジ
れんこん1節➡エリンギ200g、またはたけのこ200g、またはさやいんげん200g

サブおかず

玉ねぎ

とがった部分がかたくしっかりした手触りで、光沢があるものが良品。生食の場合はしっかり水けをきって、加熱する場合はじっくり火を通して。

サラダ・マリネ

冷蔵 3日 ／ 冷凍 × ／ さっぱり

レモンとマスタードですっきりと

玉ねぎと生ハムのレモンサラダ

材料（4～5人分）

- 玉ねぎ……………小2個（300g）
- 紫玉ねぎ……………1/2個
- 生ハム……………15枚
- レモン……………1/2個
- A
  - 酢……………大さじ2
  - マスタード……小さじ1/4
  - 塩……………小さじ1
  - 砂糖、こしょう……各少々
- サラダ油……………100ml

食材チェンジ

生ハム15枚 ➡ スモークサーモン10枚
レモン1/2個 ➡ 貝割れ大根1パック

作り方（10分）

1. 玉ねぎ、紫玉ねぎは薄切りにして水にさらし、水けをよくきる。
2. レモンは皮つきのまま、半月切りにする。
3. Aを混ぜ合わせ、サラダ油を少しずつ加えてよく混ぜ合わせる。
4. 3に1、2を入れてあえ、生ハムを加えてさっとあえる。

キープOK！

1の状態で保存
- 冷蔵 2日
- 冷凍 1か月

めしとも

冷蔵 5日 ／ 冷凍 1か月 ／ しょうゆ味

めんつゆでラクラク味しみ

玉ねぎのおひたし

材料（4～5人分）

- 玉ねぎ……………2個（400g）
- A
  - めんつゆ（3倍濃縮）‥大さじ2
  - だし汁……………300ml

作り方（10分）

1. 玉ねぎは、皮つきのまま上下を切り落として4等分にし、耐熱容器に並べてふんわりとラップをし、電子レンジ（600W）で5分加熱する。
2. 保存容器にAを合わせて入れて、1が熱いうちに漬けて、冷蔵庫で1時間ほど冷やす。食べるときに皮をむく。

ポイント
玉ねぎの皮から甘みが出るので、皮つきのまま漬け込むのがポイント。

素材をおいしく保存するには

 冷蔵 保存：**3日**程度
- 切ったあとはラップでぴっちりと包み、冷蔵庫の野菜室へ。まるごとならネットにつるして常温保存。

 冷凍 保存：**1か月**程度
- 薄切り、みじん切りなどにして水にさらすか、炒めてからラップで包み、保存袋に入れて冷凍する（P178参照）。

ボリューム

ゆずこしょうがアクセント
玉ねぎとささみのゆずこしょうあえ

材料（4～5人分）
- 玉ねぎ……… 3個(600g)
- 鶏ささみ……… 3本(120g)
- きゅうり……… 1本
- 塩……… 少々
- 酒……… 大さじ2
- A
  - めんつゆ(3倍濃縮)…大さじ4
  - ゆずこしょう……小さじ1
  - 塩……… 小さじ1/2

作り方（⏲15分）

1. 玉ねぎは薄切りにし、水にさらし、ザルにあげて水けをきる。きゅうりはせん切りにする。
2. 鶏ささみはすじを除き、耐熱容器にのせ、塩、酒をふり、ラップをして電子レンジ（600W）で2分ほど加熱し、粗熱をとって手で細かく裂く。
3. ボウルにAを入れて混ぜ、1、2を加えてあえる。

🥒➡🍋 **食材チェンジ**
鶏ささみ3本➡鶏むね肉150g
めんつゆ大さじ4➡ポン酢しょうゆ大さじ4

冷蔵 3日 ｜ 冷凍 1か月　**ピリ辛**

ラクラク

あと1品欲しいときの超ラクおかず
玉ねぎの塩昆布蒸し

材料（4～5人分）
- 玉ねぎ……… 3個(600g)
- 塩昆布……… 30g
- バター……… 30g

作り方（⏲10分）

1. 玉ねぎは皮つきのまま上下を切り落とし、さらに横半分に切る。
2. 1の切り口を上にして耐熱容器に並べ、塩昆布、バターを等分にのせ、ふんわりとラップをして、電子レンジ（600W）で8分ほど加熱する。食べるときに皮をむく。

🥒➡🍋 **食材チェンジ**
塩昆布30g➡かつお節3g
バター30g➡マヨネーズ適量、またはオリーブ油大さじ2

冷蔵 4日 ｜ 冷凍 1か月　**塩味**

サブおかず（玉ねぎ）

サラダ・マリネ

冷蔵 5日 ／ 冷凍 1か月　スパイシー

すっぱさとスパイシーさがよく合う
玉ねぎとカリフラワーのカレーマリネ

材料（4～5人分）
- 玉ねぎ……………2個(400g)
- カリフラワー…………1/2株
- A
  - カレー粉………小さじ1
  - 塩……………小さじ2/3
  - 砂糖……………小さじ2
  - 酢………………200ml
  - 水………………50ml
  - ローリエ……………1枚

作り方（10分）
1. 玉ねぎはくし形切りに、カリフラワーは小房に分ける。
2. 鍋にたっぷりの湯を沸かし、1のカリフラワーをかためにゆで、玉ねぎを加えてさっとゆでて、ザルにあげて水けをきる。
3. 小鍋にAを入れて、中火でひと煮立ちさせて保存容器に入れ、2を熱いうちに入れて、冷蔵庫で2時間ほど漬ける。

ポイント
食材が熱いうちにマリネ液に入れると、味がよくしみる。

めしとも

冷蔵 5日 ／ 冷凍 1か月　しょうゆ味

しいたけのうまみが溶け込んだ甘酢に漬けて
玉ねぎとしいたけの南蛮漬け

材料（4～5人分）
- 玉ねぎ……………2個(400g)
- しいたけ……………小8枚
- ごま油……………大さじ2
- A
  - しょうゆ………大さじ3
  - 酢………………大さじ2
  - 砂糖……………小さじ2
  - 赤唐辛子(輪切り)‥1/2本分

作り方（15分）
1. 玉ねぎは1.5cm厚さの輪切りにし、しいたけは軸を切り落とす。
2. フライパンにごま油を弱めの中火で熱して、1を並べて、全体に焼き目がつくまでじっくり焼いて取り出す。
3. 小鍋にAを入れて、中火でひと煮立ちさせ、2に回しかけて、1時間ほど味をなじませる。

ポイント
玉ねぎはじっくり焼き目をつけたほうが日持ちしやすい。

玉ねぎをとろとろに煮込んで
まるごと玉ねぎのトマト煮込み

材料（4～5人分）

玉ねぎ………… 4個(800g)
ベーコン ……………… 6枚
にんにく(みじん切り)…1片分
オリーブ油………… 大さじ1
A カットトマト(缶詰)…200g
　コンソメスープの素(顆粒)
　　　　　………… 小さじ2
　水 ………………400㎖
　塩、こしょう……… 各少々

作り方（60分）

1. 玉ねぎは上下を切り落とす。ベーコンは1枚を3等分に切る。
2. 鍋にオリーブ油、にんにくを入れて弱火で炒め、香りが立ったらA、1を加えて、ふたをして弱火で30～50分煮る。

ボリューム

冷蔵 4日 ／ 冷凍 1か月　こっくり

コンビーフを使ってラクうま
玉ねぎとコンビーフの卵とじ

材料（4～5人分）

玉ねぎ………… 2個(400g)
コンビーフ(缶詰)……… 1缶
A 卵 ………………… 2個
　塩、粗びき黒こしょう
　　　　　………… 各少々
サラダ油 ………… 小さじ2

作り方（10分）

1. 玉ねぎは薄切りにする。
2. フライパンにサラダ油を中火で熱し、コンビーフをほぐしながら全体に広げ、1の玉ねぎを加えて炒め合わせる。
3. 玉ねぎがしんなりしたら、合わせたAを回し入れて軽く混ぜ、卵に火が通ったら、火を止める。

ラクラク

アレンジ
トーストしてバターを塗った食パンに、レタスとともにはさんでサンドイッチに。

キープOK!
1の状態で保存
■ 冷蔵 2日
■ 冷凍 1か月

冷蔵 3日 ／ 冷凍 1か月　塩味

サブおかず

キャベツ

外葉に厚みがあり、切り口がみずみずしいものを選びましょう。生食の場合は水けをしっかりきり、加熱する場合は強火でさっと炒めて。

サラダ・マリネ

冷蔵 2日 ｜ 冷凍 ✕

こっくり

かんたんなのに華やかでおもてなしにもぴったり
ミモザ風コールスロー

材料（4〜5人分）

- キャベツ ……… 1/4個（200g）
- きゅうり ……………… 1/2本
- ラディッシュ …………… 2個
- ゆで卵 ………………… 1個
- A
  - マヨネーズ ……… 大さじ4
  - 酢 ……………… 大さじ1
  - 塩 ……………… 小さじ1/2
  - こしょう ……………… 少々

作り方（15分）

1. キャベツは色紙切りに、きゅうりは薄い輪切りに、ラディッシュは薄切りにする。
2. ゆで卵は目の粗いザルで裏ごしする。
3. ボウルにAを混ぜ合わせ、1を加えてあえ、2の卵を散らす。

🍳 **アレンジ**
小麦粉と水を加えて焼き、ソースをかけてお好み焼きに。

キープOK!

1の状態で保存
- 冷蔵 1日
- 冷凍 ✕

めしとも

冷蔵 3日 ｜ 冷凍 1か月

さっぱり

レモン汁でさっぱり仕上げて
キャベツのたらこ炒め

材料（4〜5人分）

- キャベツ ……… 1/2個（400g）
- にんじん ……………… 1/2本
- たらこ ………………… 1腹
- オリーブ油 …………… 大さじ1
- A
  - レモン汁 ……… 大さじ1
  - 塩、こしょう ……… 各少々

作り方（15分）

1. キャベツは1cm幅の細切りにする。にんじんは皮をむいて、短冊切りにする。
2. たらこは薄皮に切り込みを入れ、中身をこそげ出しておく。
3. フライパンにオリーブ油を中火で熱し、1を入れて炒め、火が通ったら、2、Aを加えて、さっと炒め合わせる。

📋 **ポイント**
たらこは炒めすぎず、最後の仕上げに入れると、きれいなピンクに仕上がる。

素材をおいしく保存するには

 冷蔵　保存：4日程度
- まるごとなら新聞紙に包み、カットした後は、ぴっちりとラップで包んで、野菜室に入れる。

 冷凍　保存：1か月程度
- ざく切りにしてかためにゆで、水けをしっかりときり、保存袋に入れて冷凍する。

厚揚げをイタリアン風に仕上げた1品
キャベツと厚揚げのアラビアータ

ボリューム

材料（4～5人分）
- キャベツ …… 1/2個（400g）
- 厚揚げ …… 1/2枚
- にんにく（みじん切り）…… 1片分
- 赤唐辛子（種を除く）…… 1本
- オリーブ油 …… 大さじ1
- カットトマト（缶詰）…… 200g
- 塩、粗びき黒こしょう …… 各少々

作り方（20分）
1. キャベツはざく切りにする。厚揚げは湯通しして、半分に切り、1cm厚さに切る。
2. フライパンに1の厚揚げを並べて、中火で両面焼き目がつくまで焼いて、取り出す。
3. 2のフライパンにオリーブ油、にんにく、赤唐辛子を入れて弱火にかけ、香りが立ったら1のキャベツを加えて、中火で炒める。
4. 全体がしんなりしたら、2の厚揚げをもどし入れ、カットトマトを加えて炒め合わせ、塩、粗びき黒こしょうで味を調える。

冷蔵 3日 ｜ 冷凍 ✕　　ピリ辛

みそとチーズの濃厚な味わい
キャベツのくるみみそあえ

ラクラク

材料（4～5人分）
- キャベツ …… 1/2個（400g）
- プロセスチーズ …… 60g
- くるみ …… 40g
- A｜みそ …… 大さじ2
- ｜水 …… 大さじ1

作り方（10分）
1. キャベツはざく切りにし、耐熱容器に入れて、ふんわりとラップをして、電子レンジ（600W）で4分ほど加熱する。
2. プロセスチーズは1cm角に切る。
3. くるみはフライパンでからいりし、粗く刻んで、Aとよく混ぜる。
4. 3に水けを絞った1、2を加えて、さっとあえる。

 食材チェンジ
A➡梅干し1個、青じそ（せん切り）5枚、かつお節3g、しょうゆ適量

冷蔵 3日 ｜ 冷凍 ✕　　みそ味

サブおかず

ブロッコリー

つぼみが密集していて、茎の切り口がみずみずしいものを選びましょう。作りおきの場合はさっと加熱するのがポイント。お弁当に活躍します。

サラダ・マリネ

冷蔵 2日 / 冷凍 1か月　**こっくり**

ブロッコリーと粒マスタードのつぶつぶがかわいい

つぶつぶブロッコリーポテサラ

材料（4〜5人分）

- ブロッコリー……1株（300g）
- じゃがいも……2個
- ロースハム……3枚
- A マヨネーズ……大さじ3
- 　粒マスタード……小さじ2
- 　塩、こしょう……各少々

作り方（15分）

1. ブロッコリーは粗みじん切りにする。じゃがいもは皮をむいて、ひと口大に切り、水にさらしてザルにあげ、水けをきる。
2. ロースハムは1cm角に切る。
3. 耐熱容器に**1**を入れて、ラップをして電子レンジ（600W）で6分ほど加熱する。
4. **3**をよくつぶして混ぜ合わせ、**A**、**2**を加えてあえる。

🍳 **アレンジ**
肉に包んで焼き、しょうゆ、みりんを加えて煮からめる。

めしとも

焼きのりとわさびで和風のお惣菜に

ブロッコリーののりびたし

材料（4〜5人分）

- ブロッコリー……2株（600g）
- 焼きのり……4枚
- A だし汁……100ml
- 　しょうゆ、みりん……各大さじ5
- 　白いりごま……大さじ2
- 　練りわさび……小さじ1
- 　塩……少々

作り方（15分）

1. ブロッコリーは小房に分けて縦半分に切り、熱湯でさっとゆで、ザルにあげて水けをきる。
2. 焼きのりはコンロでさっとあぶり、ちぎりながらボウルに入れて、**A**を加え、のりがふやけるまでよく混ぜる。
3. **2**に**1**を加えて混ぜ合わせ、味がなじむまでおく。

🧈 **ポイント**
焼きのりはだし汁でふやかしておくとあえやすくなる。しけったのりでもOK。

冷蔵 3日 / 冷凍 1か月　**しょうゆ味**

素材をおいしく保存するには

 冷蔵 保存：3日程度
- 保存袋に入れるか、ラップに包んで冷蔵庫の野菜室へ。小房に分けて塩ゆでしておくと便利。

 冷凍 保存：1か月程度
- 小房に分けて、茎は食べやすく切り、かためにゆで、水けをしっかりときり、保存袋に入れて冷凍する（P178参照）。

たこのぷりぷり食感が楽しい
ブロッコリーとたこのペペロンチーノ

材料（4〜5人分）
- ブロッコリー…… 2株（600g）
- ゆでだこ…………… 150g
- にんにく（みじん切り）…2片分
- 赤唐辛子（種を除く）……1本
- オリーブ油………… 大さじ2
- 塩………………… 小さじ1/3
- 粗びき黒こしょう ……少々

作り方（10分）
1. ブロッコリーは小房に分けてさっとゆで、ザルにあげて水けをきる。ゆでだこはひと口大に切る。
2. フライパンにオリーブ油、にんにく、赤唐辛子を入れて弱火にかけ、香りが立ったら、1を加えて中火で炒め、塩、粗びき黒こしょうで調味する。

ボリューム／ピリ辛
冷蔵3日／冷凍1か月

食材チェンジ
ゆでだこ150g ➡ ベーコン（2cm厚さの短冊切り）150g

シンプルだけど後を引くおいしさ
ブロッコリーのじゃこあえ

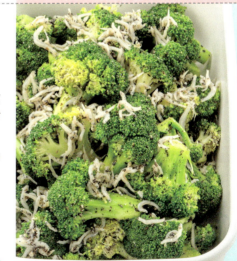

材料（4〜5人分）
- ブロッコリー…… 2株（600g）
- ちりめんじゃこ………… 30g
- **A** しょうゆ………… 大さじ1
  - ごま油、みりん………各大さじ1/2
  - 黒すりごま……… 大さじ2

作り方（10分）
1. ブロッコリーは小房に分けてさっとゆで、ザルにあげて水けをきる。
2. ボウルにAを混ぜ合わせ、1、ちりめんじゃこを加えてあえる。

ラクラク／しょうゆ味
冷蔵4日／冷凍1か月

食材チェンジ
ブロッコリー2株 ➡ きゅうり（輪切り）6本
ちりめんじゃこ30g ➡ かつお節5g

キープOK!
1の状態で保存
■ 冷蔵3日
■ 冷凍1か月

サブおかず

トマト・プチトマト

皮にハリとツヤがあり、おしりから放射状に線が入っているものを選びましょう。作りおきすると水けが出るので、生よりも加熱調理か、マリネがおすすめ。

サラダ・マリネ

冷蔵 5日 ／ 冷凍 ✕ ／ 甘酸っぱい

しその香りがアクセント
トマトの青じそマリネ

材料（4〜5人分）
- プチトマト（赤・黄） …………… 各15個（450g）
- 青じそ …………… 4枚
- A　白ワインビネガー …………… 小さじ2
　　オリーブ油 …………… 小さじ1
　　砂糖 …………… 小さじ1/2
　　塩、粗びき黒こしょう …………… 各少々

作り方（10分）
1. プチトマトはヘタを取って熱湯につけたら、すぐに水にとって湯むきする。青じそは半分に切り、せん切りにする。
2. 保存容器にAを入れてよく混ぜ、1を1時間ほど漬ける。

 食材チェンジ
プチトマト（赤・黄）各15個 ➡ パプリカ（生のまま食べやすい大きさに切る）3個

めしとも

さわやかなうまみがジュワッと広がる
トマトのだし煮

材料（4〜5人分）
- トマト …………… 4個（600g）
- A　白だし …………… 100ml
　　水 …………… 500ml
　　みりん …………… 大さじ2

作り方（15分）
1. トマトはフォークなどに刺し、熱湯につけたら、すぐに水にとって湯むきし、ヘタを取る。
2. Aを小鍋に入れて中火で煮立て、1を加えて、弱火で5分ほど煮る。
3. 粗熱がとれたら、冷蔵庫で半日ほどおく。

冷蔵 3日 ／ 冷凍 ✕ ／ さっぱり

ポイント
トマトが崩れやすいので、あまりさわらないようにして、弱火でじっくり煮る。

保存のコツ！

保存袋に入れると崩れやすくなるので、保存容器に汁ごと入れて。

素材をおいしく保存するには

 保存：**3**日程度
- まるごとなら保存袋へ入れ、切ったあとならラップでぴっちりと包み、冷蔵庫の野菜室へ。

 保存：**1**か月程度
- まるごとラップで包むか、ざく切りにして保存袋へ入れて冷凍すると、トマトソースとして使える。

黄×赤で食卓がパッと華やかに
トマトオムレツ

ボリューム

材料（4〜5人分）
- トマト……………2個（300g）
- 卵………………………4個
- ウインナーソーセージ … 3本
- ゆで枝豆（冷凍・さやから出す）
  ……………………… 30g
- 塩、こしょう………各少々
- サラダ油…………大さじ1

作り方（⏱10分）
1. トマトはヘタと種を取り、1.5cm角に切る。ウインナーソーセージは1cm厚さの輪切りにする。
2. 卵は溶きほぐし、**1**、ゆで枝豆、塩、こしょうを加えて混ぜ合わせる。
3. フライパンにサラダ油を強火で熱し、**2**を流し入れて、全体を大きく混ぜる。半熟状になったら弱火にして、ふたをして蒸し焼きにし、焼き目がついたら返して、両面焼く。

食材チェンジ
トマト2個 ➡ じゃがいも（電子レンジで3分ずつ加熱して1.5cm角に切る）2個

冷蔵 **3**日 ｜ 冷凍 **×** 　こっくり

ガーリックチップが香ばしい
プチトマトのガーリックあえ

ラクラク

材料（4〜5人分）
- プチトマト……20個（300g）
- にんにく（薄切り）……2片分
- オリーブ油…………大さじ1
- **A**
  - パセリ（みじん切り）
    ……………………大さじ1/2
  - 塩、粗びき黒こしょう
    ………………………各少々

作り方（⏱10分）
1. フライパンににんにく、オリーブ油を入れて弱火にかけ、きつね色になったら火を止める。
2. ボウルにヘタを取ったプチトマト、**A**、**1**を油ごと入れてあえる。

 アレンジ
プチトマトをつぶしてソース状にし、ゆでたパスタ、アンチョビー（みじん切り）とからめて。

保存のコツ！
保存のときは、オイルをプチトマトに回しかけると日持ちアップ。

冷蔵 **3**日 ｜ 冷凍 **×** 　塩味

サブおかず

グリーンアスパラガス

穂先がしまっていて、茎が太く、しおれていないものが良品。繊維がしっかりしていて作りおき向きの食材です。食感を残すためにさっと加熱して。

サラダ・マリネ

冷蔵 2日 / 冷凍 3週間　こっくり

かにかまとコーンで彩り豊かに
アスパラとマカロニのサラダ

材料（4〜5人分）

- グリーンアスパラガス ……… 10本（200g）
- マカロニ（サラダ用）……… 100g
- かに風味かまぼこ ……… 3本
- ホールコーン ……… 50g
- A マヨネーズ … 大さじ4〜5
- 　塩、粗びき黒こしょう ……… 各少々

作り方（20分）

1. グリーンアスパラガスはかたい根元を落とし、はかまを取り除いて、2〜3cm長さに切る。かに風味かまぼこは3等分に切る。
2. 鍋に熱湯を沸かし、マカロニを表示通りにゆで、ゆであがる2分前に**1**のアスパラガスを入れて、ザルにあげる。
3. ボウルに**2**、**1**のかに風味かまぼこ、ホールコーン、**A**を入れて、よく混ぜ合わせる。

ポイント
アスパラガスはかためにゆでるために、マカロニと時間差で鍋に入れて。

めしとも

冷蔵 3日 / 冷凍 ×　さっぱり

のりの風味がアクセント
アスパラの白あえ

材料（4〜5人分）

- グリーンアスパラガス ……… 10本（200g）
- 木綿豆腐 ……… 1丁
- A 白すりごま ……… 大さじ2
- 　砂糖 ……… 小さじ1
- 　しょうゆ ……… 小さじ2
- 焼きのり ……… 1枚

作り方（15分）

1. グリーンアスパラガスはかたい根元を落とし、はかまを除いて熱湯でさっとゆで、斜め4等分に切る。
2. 木綿豆腐は、キッチンペーパーに包んで、重しをのせて水けをきる。
3. **2**をボウルに入れてつぶし、**A**を加えてよく混ぜ、**1**、ちぎった焼きのりを加えてあえる。

アレンジ
細かく刻んで、合いびき肉に混ぜて焼き、ハンバーグに。鶏ひき肉に混ぜて揚げ、ナゲットに。

キープOK！

1の状態で保存
- 冷蔵 3日
- 冷凍 1か月

素材をおいしく保存するには

 冷蔵 保存：**2〜3日**程度
- 横にすると風味が落ちやすいので、コップや牛乳パックなどに入れて、立てて冷蔵庫の野菜室に入れて保存を。

 冷凍 保存：**1か月**程度
- 根元の皮をむき、さっと塩ゆでして2〜3本ずつラップに包み、保存袋に入れて冷凍する（P179参照）。

薄切り肉でもボリュームたっぷり
アスパラ肉巻きちくわ

冷蔵 **4**日 ｜ 冷凍 **1**か月　甘辛

材料（4〜5人分）
グリーンアスパラガス ……………… **8本（160g）**
牛もも薄切り肉 ………… 8枚
ちくわ ………………… 8本
小麦粉 ………………… 適量
サラダ油 ……………… 大さじ1
A ┌ しょうゆ ……… 大さじ2
　 └ 酒、みりん …… 各大さじ1

作り方（⏱20分）
1. グリーンアスパラガスはかたい根元を落とし、はかまを取り除いて、熱湯でさっとゆで、粗熱をとる。
2. ちくわの穴に**1**を1本ずつ刺し、小麦粉を薄くまぶして、牛もも薄切り肉を巻きつける。
3. フライパンにサラダ油を中火で熱し、**2**を並べて、転がしながら全体に焼き目をつける。合わせた**A**を加えて煮からめる。

ポイント
巻き終わりを下にして、焼き目がつくまで動かさないように焼くと、肉がはがれにくい。

昆布のうまみで時間が経つほどにおいしい
アスパラの昆布漬け

冷蔵 **5**日 ｜ 冷凍 **×**　さっぱり

材料（4〜5人分）
グリーンアスパラガス ……………… **6本（120g）**
昆布（10×10cm） ………… 1枚
赤唐辛子 …………… 1/2本
塩、酢 ……… 各小さじ1/2

作り方（⏱10分）
1. グリーンアスパラガスはかたい根元を落とし、はかまを取り除いて熱湯でさっとゆで、ザルにあげ、塩をまぶす。
2. 保存容器に汚れをふき取った昆布を敷き、赤唐辛子をのせ、**1**のアスパラガスを半分に切って並べ、酢を回しかけ、冷蔵庫で味をなじませる。

食材チェンジ
グリーンアスパラガス6本 ➡ 大根（生のまま・いちょう切り）180g、またはかぶ（生のまま・いちょう切り）180g

サブおかず

なす

ツヤがあり、ヘタのとげがピンととがっているのが新鮮です。切って時間が経つと変色するので、水にさらしてから調理しましょう。

サラダ・マリネ

冷蔵 4日 ｜ 冷凍 ✕　さっぱり

市販のドレッシングで味つけ

焼きなすのイタリアンマリネ

材料（4～5人分）

- なす ………… 3本（210g）
- プチトマト ………… 10個
- バジル ………… 3～5枚
- にんにく（みじん切り） …… 1片分
- 塩 ………… 少々
- オリーブ油 ………… 大さじ3
- イタリアンドレッシング（市販）
  ………… 大さじ4

作り方（15分）

1. なすは1cm幅の輪切りにし、塩をふって、表面に水けが出てきたらふき取る。
2. フライパンにオリーブ油、にんにくを入れて弱火にかけ、香りが立ったら1を並べて、両面焼き目をつける。
3. ボウルに2、ヘタを取ったプチトマト、イタリアンドレッシング、ちぎったバジルを加えてあえ、冷蔵庫で1時間ほどおく。

アレンジ
パイ生地の上に並べ、溶き卵、牛乳、チーズを混ぜた液を注いでオーブンで焼いて、キッシュに。

めしとも

冷蔵 4日 ｜ 冷凍 1か月　みそ味

みそ味でごはんに合う

なすとパプリカのみそ炒め

材料（4～5人分）

- なす ………… 3本（210g）
- パプリカ（赤） ………… 1個
- サラダ油 ………… 大さじ3
- A 砂糖、酒、みそ
    ……… 各大さじ1と1/2
    しょうゆ … 小さじ1と1/2

作り方（15分）

1. なすは乱切りにし、パプリカは種を除き乱切りにする。
2. フライパンにサラダ油を中火で熱して、1のなすを炒め、焼き目がついたらパプリカを加えて、さらに炒める。
3. 合わせたAを回し入れて、汁けがなくなるまで炒め合わせる。

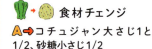

食材チェンジ
A → コチュジャン大さじ1と1/2、砂糖小さじ1/2

素材をおいしく保存するには

 冷蔵 保存：2〜3日程度
● 冷やしすぎると風味が落ちるので、新聞紙に包み、保存袋に入れて冷蔵庫の野菜室で保存する。

 冷凍 保存：1か月程度
● 生で冷凍すると苦みが出るので、揚げたり、電子レンジで加熱してから保存袋に入れて冷凍する（P179参照）。

チーズの衣で濃厚な味
なすのハーブカツ

ボリューム

材料（4〜5人分）
なす ……………… 5本（350g）
塩 ………………………… 少々
小麦粉、溶き卵 ……… 各適量
A ┃ パン粉 ……………… 40g
　┃ 粉チーズ ………… 大さじ3
　┃ パセリ（みじん切り）
　┃ ………… 大さじ1と1/2
揚げ油 …………………… 適量

作り方（15分）
1. なすは2cm厚さの斜め切りにし、塩をふり、表面に水けが出てきたらふき取る。
2. 1に小麦粉、溶き卵、合わせたAの順に衣をつけて、170℃の揚げ油でカラッと揚げる。

保存のコツ！

なすは生で冷凍するとスカスカになるので、揚げた状態で冷凍を。

🥬→🥔 **食材チェンジ**
なす5本→ズッキーニ2本、またはじゃがいも（乱切り）3個

冷蔵 3日 | 冷凍 1か月　**こっくり**

バルサミコ酢＋しょうゆで味が決まる
なすのくるくる巻き

ラクラク

材料（4〜5人分）
なす ……………… 2本（140g）
さやいんげん ………… 10本
ベーコン ………………… 5枚
オリーブ油 …………… 大さじ1
塩、こしょう ………… 各少々
A ┃ バルサミコ酢 …… 大さじ2
　┃ しょうゆ ………… 小さじ1

作り方（10分）
1. なすは、縦に3mm厚さに切ったものを10枚作る。
2. さやいんげんはすじを取って、さっとゆで、1本を3等分に切る。ベーコンは半分に切る。
3. 1に塩、こしょうをふり、2を等分にのせ、端からくるくると巻いて、つま楊枝でとめる。
4. フライパンにオリーブ油を中火で熱し、3を転がしながら全体に焼き目をつけ、合わせたAを加えて煮からめる。

🥬→🫑 **食材チェンジ**
さやいんげん10本→パプリカ（黄）1/2個

冷蔵 3日 | 冷凍 1か月　**甘酸っぱい**

サブおかず

かぼちゃ

まるごとなら、ヘタが枯れて周りがくぼんでいるもの、切ったものなら種が密集しているものを。作りおきには、油分と一緒に調理するのがおすすめ。

サラダ・マリネ

冷蔵 2日 / 冷凍 1か月　こっくり

女性に人気のデパ地下デリ風サラダ

かぼちゃとさつまいものサラダ

材料（4～5人分）
- かぼちゃ……1/4個(300g)
- さつまいも……150g
- くるみ……20g
- レーズン……15g
- A マヨネーズ……大さじ4
- 　 はちみつ……小さじ1

作り方（15分）

1. かぼちゃは種とわたを除き、皮つきのまま2cm角に、さつまいもも、皮つきのまま同様に切る。
2. 耐熱容器に1のさつまいもを入れてラップをして、電子レンジ（600W）で2分加熱したら、かぼちゃを加えて6分加熱する。
3. くるみはフライパンでからいりして、粗く刻む。
4. 2にA、3、レーズンを加えて、混ぜ合わせる。

🥦➡🥔 **食材チェンジ**
マヨネーズ大さじ4➡カッテージチーズ大さじ2、プレーンヨーグルト大さじ2

めしとも

冷蔵 4日 / 冷凍 1か月　こっくり

お弁当のおかずやおやつにも

かぼちゃもち

材料（4～5人分）
- かぼちゃ……1/4個(300g)
- 片栗粉……60g
- 塩……ひとつまみ
- バター……10g
- A しょうゆ、みりん、酒
- 　　　……各大さじ1
- 　 片栗粉……小さじ1/4

作り方（15分）

1. かぼちゃは種とわたを除き、皮つきのまま1.5cm厚さに切る。耐熱容器に入れてラップをして、電子レンジ（600W）で3～4分加熱する。
2. 1が熱いうちにボウルに入れ、フォークなどでつぶし、片栗粉、塩を加えてよく練り混ぜ、ひと口大の小判形に成形する。
3. フライパンにバターを中火で熱し、2を両面こんがりと焼いたら、合わせたAを加えて煮からめる。

🥦➡🥔 **食材チェンジ**
かぼちゃ1/4個➡じゃがいも300g

素材をおいしく保存するには

 保存：4〜5日程度
- 丸のままなら常温で2〜3か月保存可能。カットした後は、種を除いてラップをかけて野菜室へ。

 保存：1か月程度
- 種を除いて食べやすい大きさに切り、電子レンジで加熱して保存袋に入れ、冷凍しておくと便利。

ほんのり甘いコクうま煮もの
肉かぼちゃ

材料（4〜5人分）
- かぼちゃ ……… 1/4個（300g）
- 牛こま切れ肉 ………… 150g
- 玉ねぎ ……………… 1個
- にんじん …………… 1/2本
- サラダ油 ………… 大さじ1
- A
  - だし汁 …………… 300ml
  - しょうゆ ……… 大さじ2
  - みりん ………… 小さじ2
  - 砂糖 …………… 小さじ1

作り方（25分）
1. かぼちゃは種とわたを除き、皮つきのまま、ひと口大に切る。
2. 玉ねぎはくし形切りに、にんじんは皮をむいて乱切りに、牛こま切れ肉は大きければひと口大に切る。
3. フライパンにサラダ油を中火で熱し、2を炒め、肉の色が変わったら、合わせたA、1を加えて、汁けがなくなるまで、弱火で15分ほど煮る。

アレンジ
粗みじんに切ってつぶし、俵形に成形して、衣をつけて揚げると、かぼちゃコロッケに。

ボリューム

冷蔵 4日 ／ 冷凍 1か月　**甘辛**

かぼちゃ＋ひじきで栄養バランスアップ
かぼちゃひじき炒め

材料（4〜5人分）
- かぼちゃ ……… 1/4個（300g）
- ベーコン …………… 3枚
- 芽ひじき（乾燥）……… 10g
- サラダ油 ………… 大さじ1
- A
  - しょうゆ、みりん、酒 …………… 各大さじ1

作り方（10分）
1. かぼちゃは種とわたを除き、皮つきのまま5〜8mm厚さに切る。
2. ベーコンは2cm幅に切る。芽ひじきは水でもどす。
3. フライパンにサラダ油を中火で熱し、2のベーコンを入れて炒め、1のかぼちゃ、2のひじきを加えて炒める。
4. 全体に火が通ったら合わせたAを加えて、汁けがなくなるまで炒め合わせる。

ポイント
汁けがなくなるまで炒めることで日持ちがアップする。

ラクラク

冷蔵 3日 ／ 冷凍 1か月　**しょうゆ味**

サブおかず

ピーマン

肉厚でツヤと弾力があり、肩が盛り上がっているものを選びましょう。比較的日持ちする食材で、献立に彩りを添えるので、作りおきしておくと便利です。

サラダ・マリネ

冷蔵 3日 ｜ 冷凍 1か月　さっぱり

生のピーマンがしゃきしゃきおいしい
ピーマンの塩昆布サラダ

材料（4〜5人分）

- ピーマン ……… 7個(280g)
- 赤ピーマン ……… 1個(40g)
- A
  - ごま油 ……… 大さじ1
  - レモン汁 ……… 小さじ2
  - 白いりごま ……… 大さじ1
  - 塩昆布 ……… 10g

作り方（10分）

1. ピーマン、赤ピーマンは種を除き、細切りにする。
2. ボウルに1、Aを入れてよく混ぜ合わせる。

🔪 **ポイント**
ピーマンはなるべく細く切ると、苦みがやわらぎ食べやすくなる。

キープOK！

1の状態で保存
■ 冷蔵 3日
■ 冷凍 1か月

めしとも

冷蔵 4日 ｜ 冷凍 1か月　しょうゆ味

やわらかいピーマンに味がよくしみ込む
まるごとピーマンのくたくた煮

材料（4〜5人分）

- ピーマン ……… 10個(400g)
- しょうが（せん切り） ……… 1片分
- 揚げ油 ……… 適量
- A
  - めんつゆ（3倍濃縮） ……… 大さじ4
  - 水 ……… 200㎖

作り方（25分）

1. ピーマンはよく洗って水けをふき、ヘタつきのまま、つま楊枝で数か所刺して穴をあけ、160℃の揚げ油でさっと素揚げする。
2. 鍋にA、しょうがを入れて中火で煮立たせ、1を加えてふたをして、弱火で15分ほど煮る。

🔪 **ポイント**
ピーマンは、そのまま揚げると、破裂して危険なので、つま楊枝などで穴をあけること。

保存のコツ！

ピーマンは茶色になるまでくたくたに煮るのが日持ちするコツ。

素材をおいしく保存するには

 冷蔵 　保存：4〜5日程度
- 冷やしすぎると風味が落ちるので、水けをふき取り、保存袋に入れて野菜室で保存する。

 冷凍 　保存：1か月程度
- 種を除いて食べやすい大きさに切り、ソテーして保存袋に入れ、冷凍庫へ。

強火で手早く炒めるのがポイント
ピーマンといかのオイスター炒め

ボリューム

材料（4〜5人分）
- ピーマン……… 8個（320g）
- するめいか……………… 1杯
- しょうが（みじん切り）… 1片分
- ごま油………………… 大さじ1
- A
  - オイスターソース、酒
    ……………… 各大さじ1
  - しょうゆ……… 大さじ1/2

作り方（⏱15分）
1. ピーマンは種を除き、乱切りにする。するめいかは内臓を除いて、胴は1.5cm幅の輪切り、足は食べやすい大きさに切る。
2. フライパンにごま油を中火で熱し、しょうがを炒め、香りが立ったら、1を加えて炒める。全体に火が通ったら、Aを加えて炒め合わせる。

🍳 **アレンジ**
春巻きの皮に包んで揚げる。焼きそばとからめても。

冷蔵 3日 ｜ 冷凍 1か月 　**甘辛**

無限にピーマンが食べられる
ツナピーマン

ラクラク

材料（4〜5人分）
- ピーマン……… 8個（320g）
- ツナ（缶詰）………… 小1缶
- 鶏がらスープの素（顆粒）
  ………………… 小さじ1
- ごま油……………… 小さじ1

作り方（⏱10分）
1. ピーマンは種を除き、縦半分に切り、横1cm幅に切る。
2. 耐熱容器に1、缶汁をきったツナ、鶏がらスープの素を入れて混ぜ、ふんわりとラップをして電子レンジ（600W）で3分加熱する。
3. 2にごま油を回しかけ、全体を軽く混ぜる。

 食材チェンジ
ピーマン8個➡白菜、なす、パプリカ（棒状に切る）、きのこ、もやしなど好みの野菜320g

キープOK！

1の状態で保存
- 冷蔵 3日
- 冷凍 1か月

冷蔵 5日 ｜ 冷凍 1か月 　**塩味**

121

サブおかず

パプリカ

皮にしわがなく、ハリのあるものを選んで。献立に彩りを添えるので、作りおきしておくと便利です。

サラダ・マリネ

冷蔵 5日 / 冷凍 1か月　さっぱり

お弁当の彩りに重宝
パプリカとセロリのマリネ

材料（4〜5人分）

- パプリカ（赤・黄）……… 各1個（300g）
- セロリ ……………………… 1本
- A 白ワインビネガー ‥ 大さじ3
  　オリーブ油 ……… 大さじ2
  　塩、粗びき黒こしょう
  　　　　　　　　…… 各少々

作り方（⏱10分）

1. パプリカは種を除き、くし形切りにする。
2. セロリはすじを取り、1.5cm幅の斜め切りにする。
3. ボウルにAを混ぜて、1、2を加えてあえる。

🔪 **ポイント**
セロリはすじが残ると口あたりが悪くなるので、しっかり取る。

保存のコツ！

野菜がマリネ液に漬かるようにして、しっかりふたをして保存する。

めしとも

冷蔵 4日 / 冷凍 1か月　しょうゆ味

ストレートのめんつゆでかんたん味つけ
パプリカとかぼちゃの揚げびたし

材料（4〜5人分）

- パプリカ（赤）……… 1個（150g）
- かぼちゃ ………………… 1/6個
- ししとう………………… 6本
- 揚げ油……………………… 適量
- A めんつゆ（ストレート）
  　　　　　　　……… 200㎖
  　おろししょうが… 小さじ1

作り方（⏱15分）

1. パプリカは種を除いてひと口大に切り、かぼちゃはわたを取って、皮つきのまま1cm厚さのひと口大に切る。ししとうは破裂を防ぐため、つま楊枝で穴をあける。
2. 170℃の揚げ油で1のししとうとパプリカをさっと素揚げし、合わせたAに漬ける。
3. 1のかぼちゃも3〜4分揚げて、2に加える。

🥬➡🍋 **食材チェンジ**
かぼちゃ1/6個➡なす3本
ししとう6本➡オクラ6本

素材をおいしく保存するには

 冷蔵 保存：2〜3日程度
- 水けをふき取り、1個ずつ保存袋に入れて野菜室で保存を。

 冷凍 保存：1か月程度
- 種とわたを除き、細切りにして生のまま保存袋に入れる。解凍して生食してもOK。炒めてから冷凍しても便利。

香味野菜とごま油の香りで食欲増進
パプリカとかじきの香味炒め

ボリューム

材料（4〜5人分）
- パプリカ（赤・黄）……各1個（300g）
- めかじき……2切れ
- 塩、こしょう……各少々
- 片栗粉……適量
- ごま油……大さじ1
- A
  - 長ねぎ（みじん切り）……1/3本分
  - しょうが（みじん切り）……1片分
  - しょうゆ……大さじ1
  - 酢……大さじ3
  - 砂糖……小さじ2

作り方（20分）
1. パプリカは種を除いて、乱切りにする。
2. めかじきはひと口大に切り、塩、こしょうをして、片栗粉を全体に薄くまぶす。
3. フライパンにごま油を中火で熱し、2を並べてこんがりと焼き、両面焼き目がついたら、1を加えて炒め合わせる。
4. 合わせたAを加えて、汁けがなくなるまで炒め合わせる。

冷蔵 3日 ｜ 冷凍 1か月　**甘辛**

すりごまを加えてまろやかに
パプリカと豆のごまマヨあえ

ラクラク

材料（4〜5人分）
- パプリカ（赤・黄）……各1個（300g）
- ミックスビーンズ（缶詰）……110g
- A
  - マヨネーズ、白すりごま……各大さじ2
  - しょうゆ……小さじ1
  - 塩、こしょう……各少々

作り方（5分）
1. パプリカは種を除いて、細切りにする。
2. ボウルに1、缶汁をきったミックスビーンズ、Aを入れて、混ぜ合わせる。

アレンジ
ゆでて冷水でしめたパスタやうどんと混ぜ合わせて、めんつゆをからめて。

冷蔵 3日 ｜ 冷凍 1か月　**こっくり**

サブおかず

きゅうり

いぼがピンととがっていて、ハリと弾力があり、お尻がとがっていないものが良品。水けが出るので味つけをしっかりしたり、炒めたりすると日持ちします。

サラダ・マリネ

冷蔵 2日 / 冷凍 ✕

こっくり

しょうゆを入れてちょっぴり和風に

きゅうりと枝豆のサラダ

材料（4〜5人分）

- きゅうり ……… 1本(100g)
- ゆで枝豆（冷凍・さやから出す） ……… 40g
- 白いりごま ……… 大さじ1/2
- 塩 ……… 小さじ1/3
- A マヨネーズ ……… 大さじ2
-   しょうゆ ……… 小さじ1

作り方（10分）

1. きゅうりは輪切りにし、塩をふって軽くもみ、水けが出たらしっかりと絞る。
2. ボウルに1、ゆで枝豆、A、白いりごまを入れてあえる。

ポイント
冷凍枝豆を使うので、冷凍保存は避ける。生の枝豆を使う場合は冷凍できる（1か月保存可能）。

キープOK！
1の状態で保存
- 冷蔵 **2日**
- 冷凍 ✕

めしとも

冷蔵 4日 / 冷凍 ✕

さっぱり

割り箸に刺しても縁日みたいで楽しい

おつまみきゅうり

材料（4〜5人分）

- きゅうり ……… 5本(500g)
- 塩 ……… 少々
- A 昆布茶（顆粒） ……… 小さじ1と1/2
-   水 ……… 200ml
-   砂糖、塩 ……… 各小さじ1
-   赤唐辛子（輪切り） ……… 少々

作り方（10分）

1. きゅうりは両端を切り落とし、ピーラーで皮を縞目にむいて、塩をふって板ずりする。
2. 1をAにひと晩漬ける。

ポイント
ピーラーで皮を一部むくことで、味がしみやすくなり、食感もよくなる。

保存のコツ！

きゅうりは漬け汁に浸かるようにすると、乾燥しにくい。

素材をおいしく保存するには

 冷蔵 | 保存：**2〜3日程度**
- 冷やしすぎると風味が落ちるので、水けをふき取り、保存袋に入れて封をせずに野菜室で保存を。

 冷凍 | 保存：**1か月程度**
- 生のまま冷凍できないので、輪切りにして塩もみして保存袋へ。自然解凍して生で食べられる。

ボリューム

しっかり味でビールもすすむ
きゅうりと鶏の炒めもの

材料（4〜5人分）

きゅうり ……… 3本（300g）
鶏もも肉 ……………… 1/2枚
しょうが、にんにく（各みじん切り）
　…………… 各1片分
塩、こしょう、片栗粉… 各少々
ごま油 ……………… 大さじ1
A ┌ オイスターソース
　│　………… 大さじ1と1/2
　│ 酒 …………… 大さじ1
　└ 砂糖、しょうゆ‥ 各小さじ1

作り方（15分）

1. きゅうりは縦半分に切り、種を除き、乱切りにする。
2. 鶏もも肉は小さめのひと口大に切り、塩、こしょうをふり、片栗粉を薄くまぶしておく。
3. フライパンにごま油を弱火で熱し、しょうが、にんにくを入れて、香りが立ったら2を加えて中火で炒める。
4. 全体に焼き目がついたら1を加えて、焼き目がつくまで強火で炒め、Aを加えて炒め合わせる。

冷蔵 **3日** ｜ 冷凍 **×**　**甘辛**

ラクラク

食感をいかした箸休め
きゅうりのみそもみ

材料（4〜5人分）

きゅうり ……… 3本（300g）
みそ ……… 大さじ1と1/2
白すりごま ……… 小さじ1

作り方（5分）

1. きゅうりは輪切りにする。
2. 保存袋に1、みそ、白すりごまを加えてよくもみ、10分ほどおいて味をなじませる。

アレンジ
さば缶、木綿豆腐、冷やしただし汁を加えて、ごはんにかけて冷や汁に。

冷蔵 **4日** ｜ 冷凍 **×**　**みそ味**

サブおかず

オクラ

角がはっきりしていて、産毛が均一にびっしり生えているものが良品。水けが出るので、味つけをしっかりするか、炒めものにすると長持ちします。

サラダ・マリネ

冷蔵 3日 / 冷凍 1か月　ピリ辛

酢を加えて味を引き締めて
オクラとたこのキムチサラダ

材料（4〜5人分）
- オクラ………… 16本(130g)
- ゆでだこ ………………… 100g
- 白菜キムチ……………… 100g
- 長いも …………………… 50g
- 塩 ………………………… 少々
- A 酢 ……………… 小さじ2
- 　ごま油 ………… 大さじ1

作り方（15分）
1. オクラはガクを取り、塩をふって板ずりし、さっとゆでて斜め半分に切る。
2. 長いもは皮をむいて、ひと口大の乱切りに、ゆでだこも同様に切る。
3. ボウルに1、2、白菜キムチを入れ、Aを加えてさっくりと混ぜ合わせる。

 食材チェンジ
オクラ16本、長いも50g → きゅうり(乱切り)2本

めしとも

冷蔵 3日 / 冷凍 1か月　スパイシー

野菜がもりもり食べられる
オクラとエリンギのカレー炒め

材料（4〜5人分）
- オクラ………… 16本(130g)
- エリンギ ………………… 1本
- ホールコーン …………… 80g
- オリーブ油……………… 大さじ1
- 塩 ………………………… 少々
- A カレー粉……… 小さじ1
- 　塩、こしょう……… 各少々

作り方（10分）
1. オクラはガクを取り、塩をふって板ずりし、2cm幅に切る。エリンギはひと口大に切る。
2. フライパンにオリーブ油を中火で熱し、1を炒め、全体がしんなりしたらホールコーン、Aを加えて炒め合わせる。

食材チェンジ
オクラ16本 → じゃがいも(1cm角に切る)2個

キープOK！

1の状態で保存
- 冷蔵 1日
- 冷凍 1か月

素材をおいしく保存するには

 冷蔵 保存：**3**日程度
- ラップで包むか、コップなどにヘタを下にして立てて入れ、野菜室で保存する。

 冷凍 保存：**1**か月程度
- 板ずりして産毛を取り、さっと塩ゆでして保存袋へ。ゆでてから輪切りにして冷凍しても便利。

ねばねばコンビとサクサクの油揚げが好相性
オクラ納豆きんちゃく

ボリューム

材料（4〜5人分）

オクラ	8本(65g)
納豆	100g
油揚げ	5枚
塩	少々
A しょうゆ	大さじ1
練り辛子	小さじ1
ごま油	小さじ1/2

作り方（15分）

1. オクラはガクを取り、塩をふって板ずりし、熱湯でかためにゆで、輪切りにする。
2. 油揚げは、油抜きせず半分に切り、菜箸をのせて転がし、袋状に開く。
3. 1、納豆、Aを混ぜ合わせ、2に等分に詰め、つま楊枝で口をとめる。アルミホイルに並べ、オーブントースターで、両面こんがりと焼く。

ポイント
油揚げは、油抜きしないことで、パリッとした食感になる。

冷蔵 3日 ／ 冷凍 1か月　**しょうゆ味**

青菜やさやいんげんで作っても
オクラのごまよごし

ラクラク

材料（4〜5人分）

オクラ	16本(130g)
塩	少々
A 黒すりごま	大さじ3
しょうゆ	大さじ1
砂糖	小さじ2

作り方（10分）

1. オクラはガクを取り、塩をふって板ずりし、さっとゆでる。
2. Aを混ぜ合わせ、1を加えてさっとあえる。

アレンジ
豆乳とともにミキサーにかけてスープに。温かくても冷製でもおいしい。

キープOK！

1の状態で保存
- 冷蔵 **1**日
- 冷凍 **1**か月

冷蔵 3日 ／ 冷凍 1か月　**しょうゆ味**

サブおかず

もやし

ひげ根が短く、白くて水っぽくないものを選びましょう。面倒でもひげ根を除いておくと、火の通りが均一になり、食感が長持ちします。

サラダ・マリネ

冷蔵 3日 ／ 冷凍 ✕　さっぱり

定番のお惣菜サラダ
もやしの中華サラダ

材料（4～5人分）
- もやし……………2袋（400g）
- きゅうり……………1本
- ロースハム……………4枚
- A しょうゆ、酢……各大さじ2
   砂糖、ごま油……各大さじ1
   鶏がらスープの素（顆粒）
   　　　　　　　　…小さじ1

作り方（⏱10分）
1. もやしはさっとゆで、ザルにあげて水けをきる。
2. きゅうりはせん切りにし、ロースハムは半分に切ってから、細切りにする。
3. ボウルにAを混ぜ合わせ、1、2を加えてあえ、30分ほど味をなじませる。

🥒→🥬 食材チェンジ
しょうゆ、酢各大さじ2→ナンプラー大さじ1、レモン汁大さじ2

キープOK！

1の状態で保存
- 冷蔵 1日
- 冷凍 1か月

めしとも

冷蔵 4日 ／ 冷凍 ✕　甘辛

足の早いもやしもこれなら長持ち
もやしの佃煮

材料（4～5人分）
- もやし……………2袋（400g）
- しいたけ……………4枚
- しょうが（せん切り）……1片分
- ごま油……………大さじ1
- A めんつゆ（3倍濃縮）、砂糖
   　　　　　　　…各大さじ2
   みりん……………大さじ1

作り方（⏱20分）
1. もやしはざく切りにし、しいたけは軸を切り落とし、薄切りにする。
2. フライパンにごま油、1を入れて弱火にかけ、ふたをして10分ほど蒸し煮にする。
3. もやしがしんなりしてきたら、ふたをはずして、しょうが、合わせたAを加えて火を強め、汁けがなくなるまで煮からめる。

🔪 **ポイント**
もやしは汁けが完全になくなるまで炒め煮にすることで、日持ちアップ。

素材をおいしく保存するには

 保存：**3日程度**
- 保存容器に入れて水に浸し、冷蔵庫へ。傷みやすい食材だが、水を張り替えると日持ちする。

 保存：**1か月程度**
- 水けをふいて、保存袋に入れて冷凍する。凍ったまま加熱調理して。

もやしたっぷりのヘルシーなつくね
もやしの青じそつくね

材料（4～5人分）
- もやし……………… 1袋(200g)
- 鶏ひき肉……………… 200g
- 青じそ(せん切り)……… 5枚分
- A 片栗粉……………… 大さじ1
  - 酒…………………… 大さじ1/2
  - みそ………………… 小さじ2
  - おろししょうが…… 小さじ1
- サラダ油……………… 大さじ1

作り方（⏱20分）
1. ボウルに鶏ひき肉、Aを入れて練り混ぜ、青じそを加えて、もやしを折りながら加えて、さらに混ぜ合わせ、8等分にし、小判形に成形する。
2. フライパンにサラダ油を中火で熱し、1を並べてふたをし、3分ほど蒸し焼きにして、焼き目がついたら裏返し、再度ふたをして焼く。

アレンジ
つくねを粗くつぶして、トマト缶、コンソメスープの素と煮込み、ゆでたパスタにかける。

冷蔵 **3日** ｜ 冷凍 **1か月**　**みそ味**

ボリューム

しょうがを効かせてさっぱりと
もやしと豆苗のしょうがあえ

材料（4～5人分）
- もやし…………… 2袋(400g)
- 豆苗………………………… 1袋
- A おろししょうが、塩
  - …………………… 各小さじ1
  - ごま油…………… 大さじ2

作り方（⏱10分）
1. 豆苗は根元を切り落とし、長さを半分に切る。
2. 鍋に湯を沸かし、もやしを入れて、30秒経ったら、1の豆苗を加えて、さらに1分ほどゆで、ザルにあげる。
3. 2の水けをきり、Aを加えて、熱いうちにあえる。

 食材チェンジ
豆苗1袋➡水菜(ざく切り)1束、またはほうれん草1束、または小松菜(さっとゆでてざく切り)1束

キープOK!

1の状態で保存
- ■冷蔵 **2日**
- ■冷凍 **1か月**

冷蔵 **3日** ｜ 冷凍 **×**　**塩味**

ラクラク

サブおかず

長ねぎ

緑と白のコントラストがはっきりしており、葉先がピンとしているものを。水けが出るので加熱するか、濃いめの味つけにすると日持ちしやすくなります。

サラダ・マリネ

冷蔵 3日 ／ 冷凍 3週間　さっぱり

焦がした風味がアクセント

焼きねぎのころころ焦がしマリネ

材料（4～5人分）

- 長ねぎ……………2本（200g）
- エリンギ……………………3本
- オリーブ油………………大さじ1/2
- A
  - バルサミコ酢……大さじ1
  - オリーブ油………大さじ2
  - しょうゆ…………小さじ2
  - はちみつ…………小さじ1
  - 塩、粗びき黒こしょう……………各少々

作り方（15分）

1. 長ねぎは3cm長さのぶつ切りに、エリンギは縦4等分に切ってから、3cm長さに切る。
2. フライパンにオリーブ油を弱火で熱し、1を並べて、両面に焼き色がつくまでじっくりと焼く。
3. 保存容器に2を並べ、合わせたAをかけて、冷蔵庫で30分ほどおく。

ポイント
長ねぎは弱火でじっくりと焼くと、中まで火が通り、甘みが増す。

めしとも

冷蔵 3日 ／ 冷凍 1か月　塩味

塩なしで素材の甘みを堪能

ねぎのとろとろ煮

材料（4～5人分）

- 長ねぎ……………3本（300g）
- バター…………………………10g
- A
  - 水………………………150ml
  - 白ワイン………………50ml
  - コンソメスープの素（顆粒）……………………小さじ1
- 粗びき黒こしょう………少々
- パセリ（みじん切り）……………………小さじ1/2

作り方（20分）

1. 長ねぎは5cm長さに切る。
2. 鍋にバターを中火で熱し、1をさっと炒め、Aを加えてふたをして、15分ほど煮る。
3. 長ねぎがやわらかくなったら、粗びき黒こしょうをふってさっと混ぜ、パセリをふる。

食材チェンジ
コンソメスープの素小さじ1 ➡ 鶏がらスープの素小さじ1
バター10g ➡ ごま油小さじ1

キープOK!

1の状態で保存
- 冷蔵 2日
- 冷凍 1か月

素材をおいしく保存するには

 冷蔵 保存：**3**日程度
- 泥つきの場合は新聞紙に包み冷暗所に立てて保存を。洗ったねぎはラップで包み野菜室へ。

 冷凍 保存：**1**か月程度
- 薄く切るとすじが残るので、1cmくらいの厚さの輪切りにして、保存袋に入れて保存を。

濃いめの味つけで保存しやすく
ダッカルビ

ボリューム

材料（4〜5人分）
- 長ねぎ……………2本(200g)
- 鶏もも肉……………………1枚
- 塩、こしょう…………各少々
- ごま油………………大さじ1
- A コチュジャン、みそ、みりん……各大さじ1
  酒………………小さじ2

作り方（15分）
1. 長ねぎは4cm長さに切る。鶏もも肉はひと口大に切り、塩、こしょうをふる。
2. フライパンにごま油を中火で熱し、1の鶏肉を並べて、焼く。
3. 両面こんがりと焼き色がついたら裏返して、1の長ねぎを加えて炒め、Aを加えて炒め合わせる。

ポイント
鶏肉は、フライ返しなどで押さえながら焼きつけ、鶏肉の脂を出すと口あたりがよくなる。

 キープOK！
1の状態で保存
- 冷蔵 **3**日
- 冷凍 **2**週間

冷蔵 **4**日 ｜ 冷凍 **1**か月　**ピリ辛**

水けをしっかりきれば長持ち
長ねぎとわかめのぬた

ラクラク

材料（4〜5人分）
- 長ねぎ……………3本(300g)
- わかめ(乾燥)………………3g
- かまぼこ……………………10g
- A みそ、酢………大さじ2
  砂糖……………大さじ1

作り方（10分）
1. 長ねぎは4cm長さに切る。わかめは水でもどす。
2. 鍋にたっぷりの湯を沸かし、1の長ねぎを1分ほどゆでたら、わかめを加えて30秒ほどゆで、ザルにあげて水けをきる。
3. かまぼこは高さを半分に切り、さらに薄切りにする。
4. ボウルにAを入れて混ぜ合わせ、2、3を加えてあえる。

アレンジ
ゆでたするめいかをプラスして。ぎょうざの皮にのせてチーズをふって焼き、和風のミニピザに。

冷蔵 **3**日 ｜ 冷凍 **×**　**みそ味**

サブおかず

大根

葉に近い部分は甘みがあり生食に、根先に近い部分は辛みがあり加熱調理に向きます。水けが出るので煮ものなどがおすすめ。生食の場合はしっかり水けを絞って。

サラダ・マリネ

冷蔵 3日 / 冷凍 × / さっぱり

見た目も華やかなピクルス風
大根のレモンロールマリネ

材料（4〜5人分）
- 大根 ……… 縦1/4本（250g）
- にんじん ……… 縦1/2本
- ズッキーニ ……… 1/2本
- A 白ワインビネガー、オリーブ油 ……… 各大さじ4
  レモン汁、砂糖 ……… 各大さじ2
  塩 ……… 小さじ1/3
  こしょう ……… 少々

作り方（20分）
1. 大根、にんじんは皮をむいて、ピーラーで少し厚めに切る。
2. ズッキーニはピーラーで少し厚めに切る。
3. 1、2を1枚ずつ重ねて端から巻いて、巻き終わりをつま楊枝でとめる。同様に残りも作る。
4. 保存容器に3を並べて、合わせたAをかけて漬ける。

🔪 **ポイント**
端からきっちりと巻くと、時間はかかるが、美しく、シャキシャキとした噛みごたえに。

めしとも

冷蔵 5日 / 冷凍 1か月 / しょうゆ味

じっくり煮て味をしみ込ませて
大根のべっこう煮

材料（4〜5人分）
- 大根 ……… 1/2本（500g）
- A だし汁 ……… 600㎖
  しょうゆ ……… 大さじ3
  砂糖 ……… 大さじ2
- みりん ……… 大さじ1

作り方（60分）
1. 大根は皮をむいて、3cm厚さの半月切りにする。
2. 鍋に1を入れ、かぶるくらいの水を加えて、中火で20分ほど、竹串がすっと通るまでゆでる。
3. 別の鍋にAを入れて中火で煮立たせ、2を加えて、落としぶたをして30分ほど煮る。みりんを加えて2〜3分煮たら火を止め、30分ほどおいて味を含ませる。

🔪 **ポイント**
冷めていく間に、ゆっくりと味がしみ込むので、急に冷蔵庫に入れて冷やさないこと。

素材をおいしく保存するには

 保存：5日程度
- 葉は湿らせた新聞紙に包み保存袋に入れ、根はラップで包み野菜室で保存を。

 保存：1か月程度
- 使いやすい大きさに切って保存袋に入れ、冷凍を。

ベーコンとコンソメでうまみを出して
コンソメ大根

材料（4〜5人分）
大根	1/2本(500g)
ベーコン	4枚
バター	20g
コンソメスープの素(顆粒)	小さじ2
塩、こしょう	各少々

作り方（15分）
1. 大根は皮をむいて、5mm幅の棒状に切る。
2. ベーコンは短冊切りにする。
3. フライパンにバターを中火で熱し、1、2を炒める。大根がしんなりしてきたらコンソメスープの素をふり入れて混ぜ、塩、こしょうで味を調える。

ポイント
味にむらが出ないよう、コンソメスープの素は全体にまんべんなくふり入れて。

キープOK!
1の状態で保存
- 冷蔵 **2**日
- 冷凍 **1**か月

ボリューム

冷蔵 **3**日 ／ 冷凍 **1**か月　**塩味**

淡白な大根にバターのコクを足して
バター大根きんぴら

材料（4〜5人分）
大根	1/2本(500g)
サラダ油	大さじ1
バター	20g
A 砂糖	小さじ2
しょうゆ	大さじ1と1/3
パセリ(みじん切り)	適量

作り方（10分）
1. 大根は皮をむいて、せん切りにする。
2. フライパンにサラダ油を中火で熱し、1を入れて炒める。
3. 大根がしんなりしたら、バター、Aを加えて水分をとばすように炒め、パセリをふる。

食材チェンジ
大根1/2本 ➡ かぶ400g、またはにんじん400g、またはさつまいも400g

ラクラク

冷蔵 **3**日 ／ 冷凍 **1**か月　**こっくり**

サブおかず

かぶ

葉がみずみずしく、根の色が白く丸まるとしたものを選びましょう。葉に栄養や水分が持っていかれるので、買ってきたら葉と根は早めに切り離して。

サラダ・マリネ

冷蔵 4日 ｜ 冷凍 ✕　さっぱり

すし酢だけで味がピタッと決まる

かぶとえびのすし酢マリネ

材料（4～5人分）
- かぶ ……………… 3個（360g）
- きゅうり ……………… 1本
- ゆでえび ……………… 10尾
- すし酢（市販）………… 200ml

作り方（10分）
1. かぶは葉を1cmほど残して皮をむいて、8等分に切る。
2. きゅうりは乱切りにする。
3. 保存容器に、1、2、ゆでえび、すし酢を入れて、冷蔵庫で半日ほどおく。

 食材チェンジ
すし酢200ml➡レモン汁大さじ2、酢大さじ2、砂糖大さじ1、塩少々、こしょう少々

キープOK！
1の状態で保存
- 冷蔵 2日
- 冷凍 1か月

めしとも

冷蔵 3日 ｜ 冷凍 ✕　甘辛

豚肉のうまみをかぶにしみ込ませて

かぶと豚肉のしょうが焼き

材料（4～5人分）
- かぶ ……………… 3個（360g）
- かぶの葉 ……………… 1個分
- 豚ロース薄切り肉 …… 5枚
- 塩、こしょう、小麦粉 ‥ 各適量
- サラダ油 ……………… 大さじ2
- A
  - しょうゆ、みりん ……………… 各大さじ2
  - 酒 ……………… 大さじ1
  - おろししょうが … 小さじ1

作り方（20分）
1. かぶは皮をむいて1cm厚さの輪切りにし、かぶの葉はざく切りにする。豚ロース薄切り肉は半分に切り、塩、こしょうをふり、小麦粉を薄くまぶす。
2. フライパンにサラダ油大さじ1を中火で熱し、1の豚肉を並べて、両面焼き、取り出す。
3. 同じフライパンに残りのサラダ油を足して熱し、1のかぶを並べて、両面焼き色がつくまで焼く。
4. 3に1のかぶの葉と2の豚肉を加え、合わせたAを加えて水分をとばすよう煮からめる。

食材チェンジ
おろししょうが小さじ1➡練り梅小さじ1

素材をおいしく保存するには

 冷蔵 保存：**4日程度**
● 葉と根を切り離し、それぞれペーパータオルに包み、保存袋に入れて野菜室へ。

 冷凍 保存：**1か月程度**
● 根はいちょう切りにして塩もみし、葉はさっとゆでて保存袋に入れて冷凍する。

かぶの葉も入れてヘルシーに
かぶの塩麻婆

材料（4〜5人分）
- かぶ ……… 3個（360g）
- かぶの葉 ……… 1個分
- しょうが、にんにく（各みじん切り） ……… 各1片分
- 豚ひき肉 ……… 150g
- ごま油 ……… 大さじ1
- **A**
  - 水 ……… 200ml
  - 鶏がらスープの素（顆粒） ……… 小さじ1
  - 塩 ……… 小さじ1/3
  - こしょう ……… 少々
- 水溶き片栗粉 ……… 大さじ1

作り方（15分）
1. かぶは皮をむいて、1cm厚さのいちょう切りにする。かぶの葉は2cm長さに切る。
2. フライパンにごま油、しょうが、にんにくを入れて弱火で熱し、香りが立ったら、豚ひき肉を加えて中火で炒める。
3. 肉の色が変わったら、**1**のかぶを加えて炒め、火が通ったら合わせた**A**、**1**のかぶの葉を加えて3分ほど煮て、水溶き片栗粉を加え、とろみをつける。

冷蔵 **3日** ／ 冷凍 **×**　塩味

梅おかかマヨが後を引く味
かぶの梅おかかマヨあえ

材料（4〜5人分）
- かぶ ……… 3個（360g）
- ちくわ ……… 4本
- 梅干し ……… 4個
- 塩 ……… 適量
- **A**
  - マヨネーズ ……… 大さじ2
  - かつお節 ……… 3g

作り方（10分）
1. かぶは皮をむいて、5mm厚さのいちょう切りにし、塩をまぶして少しおき、水けを絞る。
2. ちくわは縦半分に切ってから、斜め薄切りにする。
3. ボウルに**1**、**2**、**A**、種を除いてたたいた梅干しを入れてあえる。

ポイント
かぶは時間が経つと水っぽくなるので、塩をまぶして、水が出てきたらしっかり絞る。

キープOK!

1の状態で保存
- 冷蔵 **2日**
- 冷凍 **1か月**

冷蔵 **2日** ／ 冷凍 **×**　さっぱり

サブおかず

ほうれん草

根が赤く、葉が濃い緑色でハリのあるものを。葉から水分が蒸発するので、乾燥しないように汁に浸けて保存するのが、作りおきのポイント。

サラダ・マリネ

冷蔵 3日 ／ 冷凍 ×　ピリ辛

酸味と辛みが絶妙なバランス
ほうれん草のエスニックサラダ

材料（4〜5人分）

- ほうれん草 ……… 2束(300g)
- むきえび(小) …………… 200g
- もやし ………………… 1袋
- 塩、酒 ……………… 各適量
- ナンプラー ……… 大さじ1/2
- **A** おろしにんにく
  - ……………… 小さじ1/2
  - ナンプラー、砂糖
  - ………………… 各大さじ3
  - レモン汁 ……… 大さじ6
  - 赤唐辛子(輪切り) …1本分

作り方（⏱15分）

1. ほうれん草は塩ゆでして水にとり、ザルにあげて水けを絞って4cm長さに切る。バットに入れナンプラーをかけて、再び水けをよく絞る。
2. もやしはさっと塩ゆでして、水けをきる。同じ熱湯に酒を加え、むきえびをゆでて水けをきる。
3. ボウルに**A**を入れて混ぜ、1、2を加えてあえる。

めしとも

冷蔵 3日 ／ 冷凍 ×　しょうゆ味

しらたきとじゃこの食感が楽しい
ほうれん草としらたきのじゃこ炒め

材料（4〜5人分）

- ほうれん草 ……… 2束(300g)
- しらたき ……………… 200g
- ちりめんじゃこ ………… 50g
- 塩 …………………… 少々
- ごま油 …………… 大さじ1
- **A** しょうゆ ……… 大さじ1
  - みりん ………… 大さじ2
  - 粉山椒 …………… 少々

作り方（⏱15分）

1. ほうれん草は塩ゆでして水にとり、ザルにあげて水けを絞って4cm長さに切る。
2. しらたきは食べやすい長さに切り、フライパンに油をひかず、中火で水けをとばすように炒る。
3. 2にごま油、ちりめんじゃこ、1のほうれん草の順に加えて炒め、合わせた**A**を加えてからめる。

ポイント
しらたきはしっかり炒めて水分をとばすことで、保存性アップ。

素材をおいしく保存するには

 冷蔵 保存：**3**日程度
- 新聞紙に包み、葉が上になるように立てて冷暗所へ。使いやすい大きさに切り、さっとゆでておくと便利。

 冷凍 保存：**1**か月程度
- かためにゆでて水けをよく絞り、ラップで小分けにして、保存袋に入れて冷凍する（P179参照）。

油揚げをパイ生地に見立ててサクサクに
ほうれん草とサーモンのカリカリキッシュ

ボリューム

材料（4～5人分）
- ほうれん草 …… 1束（150g）
- スモークサーモン …… 80g
- 油揚げ …… 3～4枚
- 玉ねぎ …… 1/4個
- 塩、こしょう …… 各少々
- バター …… 10g
- **A**
  - 溶き卵 …… 2個分
  - 生クリーム、牛乳 …… 各50ml
  - 粉チーズ …… 30g
  - 塩、こしょう …… 各少々

作り方（40分）
1. 油揚げはペーパータオルで余分な油をふき、1枚を6～8等分にして、オーブンシートを敷いた耐熱容器に敷きつめる。
2. ほうれん草はざく切りに、玉ねぎは薄切りにする。
3. フライパンにバターを中火で熱し、**2**をさっと炒めて、塩、こしょうをふる。
4. **1**に**3**、ちぎったスモークサーモンをのせて、合わせた**A**を流し入れ、オーブントースターで3～4分焼く。アルミホイルをかぶせて、さらに15～20分焼く。

ポイント
写真は11×16cmのホーローバットを使用。必ず、オーブン対応の容器で焼くこと。

冷蔵 **3**日 ／ 冷凍 **2**週間　**こっくり**

赤と緑の彩りが美しい
ほうれん草とかにかまのナムル

ラクラク

材料（4～5人分）
- ほうれん草 …… 2束（300g）
- かに風味かまぼこ …… 12本
- 塩 …… 少々
- **A**
  - 白すりごま …… 大さじ2
  - おろしにんにく …… 小さじ1/2
  - しょうゆ …… 大さじ1
  - 塩 …… 小さじ1/4
  - ごま油 …… 大さじ1/2

作り方（10分）
1. ほうれん草はさっと塩ゆでして、水にとり、ザルにあげて水けを絞って4cm長さに切る。
2. ボウルに**1**、ほぐしたかに風味かまぼこ、合わせた**A**を加えてあえる。

アレンジ
小麦粉、片栗粉、溶き卵、水と混ぜ合わせ、ごま油を熱したフライパンで焼いて、チヂミに。

キープOK!

1の状態で保存
- 冷蔵 **2**日
- 冷凍 **1**か月

冷蔵 **3**日 ／ 冷凍 **1**か月　**塩味**

サブおかず（ほうれん草）

サラダ・マリネ

冷蔵 3日 ／ 冷凍 3週間　**さっぱり**

粒マスタードがアクセント
ほうれん草のマスタードマリネ

材料（4〜5人分）

ほうれん草 …… 2束(300g)
A｜粒マスタード …… 大さじ4
　｜オリーブ油、酢… 各大さじ2
　｜砂糖 ……… 大さじ1と1/2
　｜塩 …………… 小さじ1/2
　｜こしょう ……………… 少々

作り方（10分）

1 ほうれん草は塩ゆでして水にとり、ザルにあげて水けを絞り、4cm長さに切る。

2 1の水けをもう一度絞ってボウルに入れ、Aを加えてあえる。

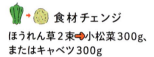 食材チェンジ
ほうれん草2束➡小松菜300g、またはキャベツ300g

キープOK！
1の状態で保存
■ 冷蔵 **2日**
■ 冷凍 **1か月**

めしとも

冷蔵 3日 ／ 冷凍 1か月　**しょうゆ味**

みんなが好きな懐かしい味
ほうれん草とちくわのバターしょうゆ炒め

材料（4〜5人分）

ほうれん草 …… 2束(300g)
ちくわ ………………… 4本
バター ………………… 20g
しょうゆ …………… 大さじ1
こしょう ……………… 少々

作り方（15分）

1 ほうれん草は根元を落としてざく切りにし、ちくわは5mm幅の輪切りにする。

2 フライパンにバターを中火で熱し、1を炒めて、しょうゆ、こしょうで調味する。

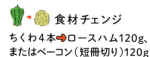 食材チェンジ
ちくわ4本➡ロースハム120g、またはベーコン（短冊切り）120g

保存のコツ！
シリコンカップで小分けにしておくと、お弁当に重宝する。

熱々をごはんにかけてもおいしい
ほうれん草とツナのクリーム煮

材料（4～5人分）

ほうれん草	2束(300g)
ツナ(缶詰)	小2缶
マッシュルーム	100g
玉ねぎ	1個
バター	20g
小麦粉	大さじ5
牛乳	400mℓ
A 水	400mℓ
コンソメスープの素(顆粒)	小さじ2
塩、こしょう	各適量

作り方（20分）

1. ほうれん草は塩ゆでして水にとり、ザルにあげて水けを絞って4cm長さに切る。
2. マッシュルーム、玉ねぎは薄切りにする。
3. フライパンにバターを中火で熱し、玉ねぎを炒める。しんなりしたら小麦粉を加えて2分ほど炒め、Aを混ぜながら少しずつ加える。
4. 3に1、マッシュルーム、缶汁をきったツナ、牛乳を加えてさらに混ぜ、5分ほど弱めの中火で煮て、塩、こしょうで味を調える。

ボリューム

冷蔵 3日 ｜ 冷凍 3週間　こっくり

クリームチーズでコクうまに
ほうれん草のチーズあえ

材料（4～5人分）

ほうれん草	2束(300g)
クリームチーズ	100g
しょうゆ	小さじ1
A 白すりごま、しょうゆ	各大さじ1
砂糖	小さじ2

作り方（10分）

1. ほうれん草は塩ゆでして水にとり、ザルにあげて水けを絞って4cm長さに切る。
2. クリームチーズは室温にもどして、Aを加えて混ぜ合わせる。
3. 1にしょうゆをかけてからもう一度軽く水けを絞り、2に加えてさっとあえる。

ラクラク

ポイント
ほうれん草に一度しょうゆをかけて絞ることで、食材の水分が抜けて、味がしみやすくなる。

保存のコツ！
シリコンカップで小分けにしておくと、お弁当に重宝する。

冷蔵 3日 ｜ 冷凍 3週間　こっくり

サブおかず

小松菜

葉、茎ともにハリのあるものを。繊維がしっかりしているので作りおき向きの食材。乾燥しないように汁に浸けて保存するのが、作りおきのポイント。

サラダ・マリネ

冷蔵 3日 / 冷凍 1か月　さっぱり

2色の野菜の彩りが楽しい
小松菜とキャベツのレモンマスタードマリネ

材料（4〜5人分）

- 小松菜……………2束（300g）
- キャベツ……………2枚
- レモン（輪切り）……1/2個分
- 塩……………………少々
- A
  - 水……………………100ml
  - コンソメスープの素（顆粒）……小さじ1/3
  - 粒マスタード、はちみつ……各小さじ1
  - 塩、こしょう……各少々

作り方（⏱10分）

1. 小松菜、キャベツは塩ゆでして水にとり、ザルにあげて水けを絞ってざく切りにする。
2. 鍋にAを入れて中火にかけ、煮立ったら火を止めて冷ます。
3. 2に1、レモンを入れて、10分ほど味をなじませる。

キープOK！
1の状態で保存
- 冷蔵 2日
- 冷凍 1か月

めしとも

冷蔵 3日 / 冷凍 1か月　甘辛

調味料に小麦粉を加えてとろみをプラス
小松菜とパプリカのオイスター炒め

材料（4〜5人分）

- 小松菜……………2束（300g）
- パプリカ（赤）……1個
- しょうが（せん切り）……1片分
- ごま油……………大さじ1
- A
  - オイスターソース……大さじ2
  - 塩、こしょう……各少々
  - 小麦粉……………小さじ1/2
  - 水……………………小さじ1

作り方（⏱15分）

1. 小松菜はざく切りにし、パプリカは種を除いて細切りにする。
2. フライパンにごま油、しょうがを入れて弱火にかけ、香りが立ったら、1を加えて中火で炒める。
3. 全体がしんなりしたら、合わせたAを加えて、炒め合わせる。

📋 ポイント
小麦粉のほうが、片栗粉と比べて、時間が経っても水っぽくなりにくい。

キープOK！
1の状態で保存
- 冷蔵 2日
- 冷凍 1か月

素材をおいしく保存するには

 冷蔵 保存：3日程度
- 新聞紙に包み、葉が上になるように立てて冷暗所へ。使いやすい大きさに切り、さっとゆでておくと便利。

 冷凍 保存：1か月程度
- アクが少ないので生のまま冷凍できる。ざく切りにして、保存袋に入れて冷凍庫へ。

下味をつければ水っぽくならない
小松菜とほたての辛子酢みそあえ

材料（4～5人分）

小松菜	1束（150g）
ベビーほたて	200g
塩	少々
A しょうゆ	小さじ1
だし汁	大さじ1
B 白みそ	50g
練り辛子	小さじ1
酢、砂糖	各大さじ2

作り方（15分）

1. 小松菜は塩ゆでして水にとり、ザルにあげて4cm長さに切る。水けを絞り、Aをかける。
2. ベビーほたてはさっとゆで、ザルにあげて水けをきり、冷ます。
3. ボウルにBを合わせ、1の水け軽くを絞って加え、さらに2を加えて、さっとあえる。

冷蔵 2日 ／ 冷凍 2週間　**みそ味**

ボリューム

🥬→🧆 **食材チェンジ**
ベビーほたて200g→するめいか（内臓をとってざく切りにしてゆでる）200g

市販のピーナッツバターで味つけラクチン
小松菜のピーナッツあえ

材料（4～5人分）

小松菜	2束（300g）
塩	少々
A しょうゆ	小さじ2
だし汁	100mℓ
B ピーナッツバター（チャンクタイプ）	大さじ3
みそ	大さじ1
しょうゆ	小さじ1

作り方（10分）

1. 小松菜は塩ゆでして水にとり、ザルにあげて4cm長さに切る。水けを絞り、Aに浸す。
2. ボウルにBを入れてよく混ぜ合わせ、1をもう一度軽く絞って加え、さっとあえる。

ラクラク

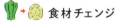 **ポイント**
小松菜に下味をつけると、時間が経っても水っぽくなりにくい。

保存のコツ！

シリコンカップで小分けにしておくと、お弁当に重宝する。

冷蔵 3日 ／ 冷凍 1か月　**こっくり**

サブおかず

水菜

緑色が鮮やかで、葉がみずみずしいものを。比較的日持ちしにくいので、早めに食べきること。乾燥しないように汁に浸けて保存するのがポイント。

サラダ・マリネ

冷蔵 3日 | 冷凍 ✕ | ピリ辛

ピリッとさわやかでクセになる
水菜のゆずこしょうサラダ

材料（4〜5人分）

水菜 ……………… 2束(400g)
塩 ……………………… 少々
A　だし汁 …………… 50ml
　　しょうゆ ………… 大さじ1
　　みりん ………… 大さじ1/2
　　ゆずこしょう …… 小さじ1

作り方（⏱10分）

1 水菜は根元を落とし、塩ゆでして水にとり、ザルにあげて水けを絞って4cm長さに切り、さらに水けを絞る。

2 ボウルにAを合わせて1を加え、さっとあえて味をなじませる。

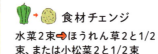食材チェンジ
水菜2束➡ほうれん草2と1/2束、または小松菜2と1/2束

保存のコツ！
シリコンカップで小分けにしておくと、お弁当に重宝する。

めしとも

冷蔵 2日 | 冷凍 ✕ | さっぱり

シャキシャキ食感が楽しい
水菜と切り干し大根の浅漬け

材料（4〜5人分）

水菜 ……………… 1束(200g)
切り干し大根（乾燥）……… 20g
塩 ……………………… 少々
A　塩昆布 ……………… 5g
　　赤唐辛子（輪切り）… 1本分
　　めんつゆ（3倍濃縮）、酢
　　　　　　　　…… 各100ml
　　水 …………………… 200ml

作り方（⏱10分）

1 切り干し大根は水でもどし、食べやすい大きさに切り、水けを絞る。

2 水菜は根元を落とし、ざく切りにして、塩をふってしばらくおき、水けを絞る。

3 ボウルに1、2を入れ、Aを加えてあえる。

キープOK！
1の状態で保存
■ 冷蔵 3日
■ 冷凍 2週間

素材をおいしく保存するには

 冷蔵 保存：3日程度
● 新聞紙に包み、葉が上になるように立てて冷暗所へ。さっとゆでて使いやすく切り分けておくと便利。

 冷凍 ✕
● 繊維が多くすじっぽくなるので、冷凍保存には不向き。

鶏肉としいたけのうまみたっぷり
水菜と鶏肉のごまあえ

材料（4～5人分）
- 水菜 ……………… 1束(200g)
- 鶏むね肉 ……………… 1/2枚
- しいたけ ……………… 4枚
- 塩 ……………… 少々
- 酒 ……………… 小さじ2
- A 白すりごま ……… 大さじ3
  - しょうゆ … 大さじ1と1/3
  - 砂糖 ……………… 大さじ1
  - 酒 ……………… 小さじ2

作り方（20分）
1. 水菜は根元を落とし、3cm長さに切る。しいたけは石づきを落とし、5mm幅の薄切りにする。鶏むね肉は塩をふる。
2. 鍋に湯を沸かし、1の水菜、しいたけをさっとゆでて、ザルにあげて水けをきる。その湯に酒、鶏肉を入れ、ごく弱火で10分ほどゆで、火を止め、そのまま冷ます。
3. 2の鶏肉の粗熱がとれたら、食べやすい大きさに手で裂き、水菜、しいたけとともにAであえる。

ポイント
鶏むね肉はゆでたらすぐに取り出さず、ゆで汁とともに冷ますと、しっとり仕上がる。

ボリューム

冷蔵 3日 ｜ 冷凍 ✕　**しょうゆ味**

マヨ＋ポン酢しょうゆでかんたん
水菜とツナのマヨポンあえ

材料（4～5人分）
- 水菜 ……………… 1束(200g)
- ツナ(缶詰) ……………… 小2缶
- 塩 ……………… 小さじ1/2
- A マヨネーズ ……… 大さじ3
  - ポン酢しょうゆ … 大さじ2

作り方（5分）
1. 水菜は根元を落とし、ざく切りにして塩をふってしばらくおき、水けを絞る。
2. ボウルに1、缶汁をきったツナ、Aを入れて混ぜ合わせる。

食材チェンジ
水菜1束 ➡ にんじん(せん切り)2本

ラクラク

キープOK！

1の状態で保存
- 冷蔵 1日
- 冷凍 ✕

冷蔵 2日 ｜ 冷凍 ✕　**こっくり**

サブおかず

白菜

ずっしりと重く、切り口が白いものを選んで。水けが出るので煮ものや炒めもの、漬けものなどに。軸は大きく切らず、細切りやそぎ切りにして食べやすく。

サラダ・マリネ

冷蔵 5日 ／ 冷凍 2週間　甘酸っぱい

白菜はさっと熱湯にくぐらせて食感キープ
白菜のマリネ

材料（4〜5人分）
- 白菜 ………… 1/3株（500g）
- 赤唐辛子 ………… 2本
- A
  - 白ワインビネガー … 150㎖
  - 砂糖 ………… 大さじ6
  - 塩 ………… 小さじ1/2
  - こしょう ………… 少々
  - オリーブ油 …… 大さじ2

作り方（10分）
1. 白菜は軸を5cm長さ、幅1cmに切り、葉はざく切りにして、熱湯にさっとくぐらせ、ザルにあげて、冷めたら水けを絞る。
2. 鍋にAを入れて中火にかけ、煮立ったら火を止める。
3. 2に1と赤唐辛子を入れて30分ほど味をなじませる。

　ポイント
マリネ液が熱いうちに白菜を漬け込むと、味がなじみやすい。

めしとも

冷蔵 3日 ／ 冷凍 1か月　甘辛

コーンスターチを使うから水っぽくならない
白菜のとろみ炒め

材料（4〜5人分）
- 白菜 ………… 1/4株（380g）
- 豚ひき肉 ………… 200g
- にんじん ………… 60g
- ごま油 ………… 大さじ1
- A
  - 水 ………… 200㎖
  - 鶏がらスープの素（顆粒） ………… 小さじ1
  - オイスターソース、しょうゆ ………… 各大さじ1
- B
  - コーンスターチ … 大さじ2
  - 水 ………… 大さじ2

作り方（15分）
1. 白菜はざく切りに、にんじんは皮をむいて、短冊切りにする。
2. フライパンにごま油を中火で熱し、ひき肉を加えて、色が変わるまでしっかりと炒める。
3. 1のにんじん、白菜を順に加えて炒め、しんなりしたらAを加え、ふたをして軽く煮て、合わせたBを加えてとろみをつける。

キープOK！

1の状態で保存
- 冷蔵 2日
- 冷凍 1か月

素材をおいしく保存するには

 保存：**3日程度**
● まるごとは新聞紙に包み、冷暗所へ。切ったあとはラップでぴっちりと包み、野菜室へ。

 保存：**1か月程度**
● ざく切りにして、生のまま保存袋に入れて冷凍する。

ベーコンのうまみをしみ込ませて
白菜とベーコンのスープ煮

ボリューム

材料（4～5人分）
- 白菜 ………… 1/3株（500g）
- ベーコン ………… 8枚
- **A**
  - コンソメスープの素（顆粒） ………… 大さじ1
  - 水 ………… 1200mℓ
  - ローリエ ………… 1枚
- 塩 ………… 小さじ2/3
- こしょう ………… 少々

作り方（⏱20分）
1. 白菜は軸を5cm長さ、幅2cmに切り、葉はざく切りにする。
2. ベーコンは1cm幅に切る。
3. 鍋に**A**を入れて中火にかけて煮立たせ、**1**の白菜の軸、**2**を加えてふたをし、10分ほど煮る。
4. **1**の白菜の葉を加えてさらに5分ほど煮て、塩、こしょうで味を調える。

🍳 **アレンジ**
トマト缶、牛乳を加えて、トマトクリーム煮に。

冷蔵 **3日** ／ 冷凍 **2週間** ｜ **塩味**

ゆずの風味がさわやか
浅漬けゆず白菜

ラクラク

材料（4～5人分）
- 白菜 ………… 1/5株（300g）
- ゆず ………… 1/2個
- 刻み昆布 ………… 8g
- 赤唐辛子（輪切り） ………… 1本分
- 塩、砂糖 ………… 各小さじ2/3

作り方（⏱5分）
1. 白菜は軸を5cm長さ、幅3cmに切り、葉はざく切りにして、保存袋に入れ、塩を加えて、袋の上から軽くもんでしばらくおく。
2. ゆずは、皮はせん切りにし、果汁を絞る。
3. **1**がしんなりしたら**2**、残りの材料を加えてよく混ぜ、30分以上おく。

キープOK！

1の状態で保存
- 冷蔵 **3日**
- 冷凍 ✕

🥬→🥒 **食材チェンジ**
白菜1/5株 → きゅうり3本、またはなす4本、またはかぶ3個

冷蔵 **5日** ／ 冷凍 ✕ ｜ **さっぱり**

サブおかず

レタス

まるごとなら葉がみずみずしいもの、カットものなら芯の切り口が白いものを。しなびやすいので、油分とあえたり、汁けに浸して保存するのがおすすめ。

サラダ・マリネ

冷蔵 3日 / 冷凍 ✕　甘酸っぱい

ごま油がほんのり香る
レタスの甘酢マリネ

材料（4〜5人分）
- レタス……………1玉（360g）
- しょうが（せん切り）……1片分
- 塩………………………小さじ1
- ごま油…………………大さじ1
- A 酢、砂糖……各大さじ3
　　塩……………小さじ1/2

作り方（⏱10分）
1. レタスは食べやすい大きさにちぎり、塩をふってもんだら、しばらくおき、水けを絞る。
2. フライパンにごま油、しょうがを入れて弱火にかける。
3. 2の香りが立ったら、合わせたAを加えて中火でひと煮立ちさせ、1にかけて、30分以上味をなじませる。

ポイント
レタスは水分が多いので、塩もみして水けを絞ってから漬け込むと、味がよくしみる。

めしとも

冷蔵 3日 / 冷凍 ✕　ピリ辛

こしょうと唐辛子でピリ辛に
レタスとわかめのナムル

材料（4〜5人分）
- レタス…………1/2玉（180g）
- わかめ（乾燥）………………8g
- A しょうゆ、白すりごま、
　　ごま油……各小さじ2
　　塩……………小さじ1/4
　　こしょう、一味唐辛子
　　………………各少々

作り方（⏱10分）
1. レタスはざく切りにして、わかめはもどし、それぞれ熱湯でさっとゆでる。
2. 1をザルにあげて水けをきり、Aとあえる。

ポイント
レタス、わかめはゆでて熱いうちに調味料とあえると、味がよくなじむ。

キープOK!

1の状態で保存
- 冷蔵 2日
- 冷凍 1か月

素材をおいしく保存するには

 冷蔵 保存：3日程度
● まるごとなら保存袋に入れ、切ったものは、ラップをして野菜室へ。

 冷凍 ✕
● 水けが出てべちゃっとなるので、冷凍保存には不向き。

レタスを大きめに切って食べごたえアリ
レタスとベーコンのカレー煮びたし

材料（4〜5人分）
- レタス……… 1玉（360g）
- ベーコン ……………… 4枚
- **A**
  - コンソメスープの素（顆粒）
    ……………… 小さじ2
  - カレー粉……… 小さじ1/4
  - 水 ……………… 800ml
- こしょう……………… 少々

作り方（15分）
1. レタスはくし形に、ベーコンは1枚を3等分に切る。
2. 鍋に**A**を入れて中火で煮立たせ、**1**を加えて7〜8分煮て、こしょうをふる。

🥬→🍖 **食材チェンジ**
ベーコン4枚→ロースハム（1枚を4等分に切る）4枚、またはウインナーソーセージ（斜め切り）5本

保存のコツ！

ベーコンが余ったら、小分けにして保存袋に入れて冷凍庫へ。

ボリューム / 冷蔵3日 | 冷凍✕ / スパイシー

箸が止まらないおいしさ
塩もみレタス

材料（4〜5人分）
- レタス……… 1玉（360g）
- かに風味かまぼこ ……… 6本
- 焼きのり……………… 1/2枚
- 塩 ……………… 小さじ1/3
- **A**
  - ホールコーン…… 大さじ2
  - ごま油 ………… 大さじ2

作り方（10分）
1. レタスは食べやすい大きさにちぎり、塩を加えてもむ。
2. かに風味かまぼこは半分の長さに切ってほぐす。焼きのりはコンロでさっとあぶってちぎる。
3. **1**に**2**、**A**を加えてさらにもむ。

📝 **ポイント**
レタスにかさがあるので、大きいボウルに入れるともみやすい。

ラクラク / 冷蔵3日 | 冷凍✕ / さっぱり

サブおかず

ごぼう

太さが均一で、ひげ根が少ないものを選びましょう。皮は薄くこそげて、水けはしっかりきってシャキッと仕上げて。

サラダ・マリネ

冷蔵 5日 | 冷凍 1か月　ピリ辛

ゆずこしょうでアクセントをつけて

たたきごぼうのゆずこしょうマリネ

材料（4〜5人分）
- ごぼう……………1本（200g）
- A
  - しょうゆ………大さじ2
  - 砂糖……………大さじ1/2
  - 酢………………大さじ1
  - ゆずこしょう……小さじ1

作り方（🕙10分）

1. ごぼうは皮をこそげ落とし、4cm長さ、縦4等分の棒状に切り、熱湯で2〜3分ほどゆで、保存袋に入れて、めん棒でたたく。
2. 1が温かいうちに、合わせたAに漬け、30分以上なじませる。

🔪 **ポイント**
ごぼうが温かいうちに調味料と合わせると、味がよくなじむ。

キープOK!
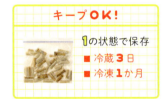
1の状態で保存
■ 冷蔵 3日
■ 冷凍 1か月

めしとも

冷蔵 5日 | 冷凍 1か月　しょうゆ味

お弁当の大定番

きんぴらごぼう

材料（4〜5人分）
- ごぼう……………1本（200g）
- にんじん…………1本
- サラダ油…………大さじ1と1/2
- A 砂糖、しょうゆ、酒
  　………各大さじ1と1/2
- 白いりごま………大さじ1/2

作り方（🕙15分）

1. ごぼうは皮をこそげ落とし、5cm長さのせん切りにし、水にさらして水けをきる。にんじんは皮をむいて、5cm長さのせん切りにする。
2. フライパンにサラダ油を中火で熱して、1のごぼうを炒め、油が回ったら、にんじんを加えて炒め合わせる。
3. 火を弱めて、合わせたAを加えて炒め、汁けがなくなったら、白いりごまをふる。

🔪 **ポイント**
Aを加えると焦げやすくなるので、火を弱めてさっと炒めて。

素材をおいしく保存するには

 冷蔵 　保存：3日程度
●泥つきのものは湿らせた新聞紙に包み冷暗所で保存を。洗ったものは半分に切って保存袋に入れ、立てて野菜室へ。

 冷凍 　保存：1か月程度
●ささがきにして水にさらしてから保存袋に入れる。ゆでたり、きんぴらにして冷凍しても便利。

油で揚げてこってりおいしく
ごぼうとささみの甘辛揚げ

ボリューム

材料（4～5人分）
ごぼう‥‥‥‥‥ 1本（200g）
鶏ささみ ‥‥‥‥‥‥ 4本
片栗粉、揚げ油 ‥‥‥ 各適量
A しょうゆ、酒、砂糖
　　　‥‥‥‥‥ 各大さじ1
　白いりごま ‥‥‥ 小さじ1

作り方（20分）
1. ごぼうは皮をこそげ落とし、4cm長さ、縦4等分の棒状に切って水にさらす。鶏ささみはすじを除き、食べやすい大きさに切る。
2. 1のごぼう、ささみの水けをふき取り、それぞれ片栗粉を薄くまぶし、170℃の揚げ油でカラッと揚げる。
3. フライパンに**A**を入れて中火で煮立たせ、2を加えてからめる。

冷蔵 4日 ／ 冷凍 1か月　**甘辛**

🥬➡️🥔 **食材チェンジ**
ごぼう1本➡️さつまいも200g、またはじゃがいも200g

いろいろな野菜で試したい
ごぼうとにんじんのみそ漬け

ラクラク

材料（4～5人分）
ごぼう‥‥‥‥‥ 1本（200g）
にんじん ‥‥‥‥‥‥ 1/2本
塩 ‥‥‥‥‥‥‥ 小さじ1/4
A みそ ‥‥‥‥‥ 大さじ4
　みりん ‥‥‥‥‥ 大さじ2

作り方（10分）
1. ごぼうは皮をこそげ落とし、にんじんは皮をむいて、ともに5cm長さの棒状に切り、塩をふって少しおき、水けをふきとる。
2. 1、**A**を合わせて軽くもみ、半日以上漬ける。

冷蔵 5日 ／ 冷凍 ✕　**みそ味**

保存のコツ！

保存袋に入れて、袋の上からもんで、そのまま保存しても。

🥬➡️🥒 **食材チェンジ**
ごぼう1本➡️セロリ2本
にんじん1/2本➡️きゅうり1本

サブおかず

れんこん

穴の中が白く、厚みと重みがあるものを選びましょう。空気に触れると変色するので、酢水にさらしてから調理すると、白さをキープできます。

サラダ・マリネ

さっとゆでてあえるだけ
れんこんとひじきのごまサラダ

材料（4〜5人分）

- れんこん ……… 1/2節（200g）
- にんじん ………………… 50g
- 芽ひじき（乾燥） ………… 10g
- A
  - マヨネーズ ……… 大さじ4
  - 砂糖 ……………… 小さじ2
  - 酢 ………………… 小さじ1
  - 塩 ……………… 小さじ1/4
  - こしょう …………… 少々
  - 白すりごま ……… 大さじ1

作り方（20分）

1. れんこんは皮をむいて輪切りに、大きいものは半月切りにして、水にさらして水けをきる。
2. にんじんは皮をむいて細切りに、芽ひじきは水でもどし、ザルにあげて水けをきる。
3. 1のれんこん、2のにんじん、ひじきを熱湯でそれぞれさっとゆで、ザルにあげて冷ます。
4. ボウルにAを入れて混ぜ、3を加えてあえる。

ポイント
れんこんはよく冷ましてから調味料と合わせると、水けが出にくく、日持ちしやすい。

冷蔵 2日 ｜ 冷凍 ✕　**こっくり**

めしとも

味をしっかりとからめて
れんこんと鶏肉の炒め南蛮

材料（4〜5人分）

- れんこん ………… 1節（400g）
- 鶏もも肉 ……………………… 2枚
- 塩、こしょう ………… 各少々
- 片栗粉 ………………………… 適量
- サラダ油 ………… 大さじ2
- A
  - しょうゆ、酢 …… 各大さじ4
  - 砂糖、だし汁 … 各大さじ2
  - 赤唐辛子（種を除く）…… 2本

作り方（20分）

1. れんこんは皮をむいて1cm厚さの半月切りにする。鶏もも肉はひと口大に切って、塩、こしょうをふり、片栗粉を薄くまぶす。
2. フライパンにサラダ油を中火で熱し、1の鶏肉を入れて返しながら、きつね色になるまで焼く。
3. 2のフライパンにれんこんを加えて炒め、火を通す。
4. 3にAを加え、水けをとばすように混ぜながら煮からめる。

食材チェンジ
れんこん1節 ➡ ごぼう400g、またはパプリカ400g、またはかぼちゃ400g

冷蔵 3日 ｜ 冷凍 1か月　**ピリ辛**

素材をおいしく保存するには

 冷蔵 | 保存：**3**日程度
- 皮つきのものは新聞紙に包み保存袋に入れて、切ったあとは切り口にラップをして野菜室へ。

 冷凍 | 保存：**1**か月程度
- 半月切りにして、水にさらしてから保存袋に入れる。ゆでたり、調理冷凍しても便利。

ツナの缶汁を油代わりに使うからラクチン

れんこんとツナのカレー炒め

ボリューム

材料（4〜5人分）
- れんこん ……… 1/2節（200g）
- さやいんげん ………… 8本
- ツナ（缶詰）………… 小2缶
- カレー粉 ……… 小さじ1/2
- 塩 ……………………… 少々

作り方（20分）
1. れんこんは皮をむいて薄切りにして、大きいものは半分に切って水にさらし、水けをきる。さやいんげんはすじを取り、斜め切りにする。
2. フライパンにツナを缶汁ごと入れて熱し、1のさやいんげんを加えて、中火で炒める。
3. 2に1のれんこんを加え、透き通るまで炒めて、カレー粉、塩で味を調える。

冷蔵 **3**日 ｜ 冷凍 **1**か月　スパイシー

長持ちするさっぱり箸休め

れんこんのピクルス

ラクラク

材料（4〜5人分）
- れんこん ……… 3/4節（300g）
- **A** 白ワインビネガー ‥ 大さじ3
  - 砂糖 ……………… 大さじ2
  - 塩 ………………… 小さじ1
  - ローリエ ……………… 1枚
  - 水 ………………… 180ml

作り方（10分）
1. れんこんは皮をむいて7〜8mm厚さの輪切りにし、熱湯で2〜3分ゆで、ザルにあげて冷ます。
2. 鍋にAを入れて中火で煮立て、保存容器に入れた1に加えて、1時間以上味をなじませる。

キープOK!

1の状態で保存
- 冷蔵 **2**日
- 冷凍 **1**か月

冷蔵 **5**日 ｜ 冷凍 ✕　甘酸っぱい

🍳 アレンジ
スモークサーモンや生ハム、白身魚の刺身と合わせてマリネに。

サブおかず

さつまいも

ひげ根の穴が浅めで少なく、ふっくらとしたものが良品です。空気に触れると変色するので、水にさらしてから調理しましょう。

サラダ・マリネ

冷蔵 2日 / 冷凍 3週間　さっぱり

りんごの酸味と食感でさわやかに
さつまいもとりんごのサラダ

材料（4〜5人分）
- さつまいも …… 1本(300g)
- りんご …………………… 1個
- レーズン ………………… 50g
- レモン汁 …………… 大さじ1/2
- A
  - マヨネーズ …… 大さじ3
  - プレーンヨーグルト
    …………… 大さじ6
  - 塩 …………… 小さじ1/2
  - こしょう ……………… 少々

作り方（15分）
1. さつまいもは皮つきのままいちょう切りにして水にさらし、水けをきって耐熱容器に入れ、ラップをして電子レンジ（600W）で4〜5分加熱する。
2. りんごは皮つきのままいちょう切りにし、レモン汁をふる。
3. ボウルに A を入れてよく混ぜ、水けをきった1、2、レーズンを加えてあえる。

ポイント
りんごは、切ったらすぐにレモン汁をかけて、変色を防ぐ。

めしとも

冷蔵 5日 / 冷凍 3週間　しょうゆ味

カリカリに炒めたベーコンがたまらない
さつまいもとベーコンのきんぴら

材料（4〜5人分）
- さつまいも …… 1本(300g)
- ベーコン ………………… 4枚
- にんにく（みじん切り）… 1片分
- サラダ油 …………… 大さじ1
- A
  - しょうゆ、みりん
    ………… 各大さじ1
  - 塩、こしょう …… 各少々

作り方（20分）
1. さつまいもは皮つきのまま細切りにして水にさらし、水けをきる。ベーコンは1cm幅に切る。
2. フライパンにサラダ油、にんにくを入れて弱火にかけ、香りが立ったら1のさつまいも、ベーコンを加えて中火で炒める。
3. さつまいもに火が通ったら、A を加えて、さっとからめる。

アレンジ
耐熱容器に入れ、チーズをかけてオーブンでこんがりと焼く。

素材をおいしく保存するには

 冷蔵 | 保存：**5**日程度
- 新聞紙に包み保存袋に入れて、風通しのよい場所で保存する。切ったあとはラップをして野菜室で保存し、早めに食べる。

 冷凍 | 保存：**1**か月程度
- 生のままで冷凍できないので、焼きいもにするか、ゆでてマッシュして保存袋に入れて冷凍庫へ。

はちみつの保水効果で豚肉がしっとり

さつまいもと豚肉のハニーマスタード炒め

ボリューム

材料（4～5人分）

- さつまいも ……… 1本（300g）
- 豚バラ薄切り肉 ……… 400g
- サラダ油 ……… 大さじ1
- **A**
  - しょうゆ ……… 大さじ1
  - はちみつ、粒マスタード ……… 各大さじ2
  - 酒 ……… 大さじ1
  - こしょう ……… 少々

作り方（20分）

1. さつまいもは皮つきのまま1cm厚さの斜め輪切りにし、さらに1cm幅の棒状に切って水にさらす。豚バラ薄切り肉は4cm幅に切る。
2. フライパンにサラダ油を中火で熱し、水けをきった**1**のさつまいもを火が通るまで炒める。
3. **1**の豚肉を加えて色が変わるまで炒め、合わせた**A**を加えて、さっと煮からめる。

冷蔵 **3**日 ｜ 冷凍 **3**週間　**甘辛**

食材チェンジ
さつまいも1本 ➡ じゃがいも300g、またはかぼちゃ300g

電子レンジで煮ものが完成

さつまいものレモン煮

ラクラク

材料（4～5人分）

- さつまいも ……… 2本（600g）
- レモン（輪切り） ……… 1/2個分
- **A**
  - 砂糖 ……… 大さじ5
  - 水 ……… 500ml

作り方（20分）

1. さつまいもは皮つきのまま1cm幅の輪切りにし、水にさらして水けをきる。
2. 耐熱容器に**1**、レモン、**A**を入れて、ふんわりとラップして、電子レンジ（600W）で13～15分加熱する。

キープOK！

1の状態で保存
- 冷蔵 **2**日
- 冷凍 ✕

冷蔵 **5**日 ｜ 冷凍 **3**週間　**甘酸っぱい**

食材チェンジ
砂糖大さじ5 ➡ はちみつ大さじ2

サブおかず

じゃがいも

芽が出ておらず、表面がなめらかなものを選んで。空気に触れると変色するので、水にさらしてから調理しましょう。

サラダ・マリネ

冷蔵 2日 | 冷凍 3週間 | こっくり

練乳を加えてデパ地下デリ風の味
まろやかポテトサラダ

材料（4～5人分）
- じゃがいも …… 4個（500g）
- きゅうり …………… 1/2本
- パプリカ(赤) ………… 1/4個
- ホールコーン …… 大さじ4
- 酢 ………………… 小さじ2
- A
  - マヨネーズ …… 大さじ6
  - 練乳 ………… 大さじ2
  - 塩 …………… 小さじ1/2
  - こしょう ………… 少々
- 塩 …………………… 少々

作り方（20分）
1. じゃがいもは半分に切って耐熱容器に入れ、ラップをして電子レンジ（600W）で8分加熱する。皮をむいて、熱いうちにつぶして酢を混ぜて冷ます。
2. きゅうりは輪切りにして塩をふり、少しおいて水けを絞る。パプリカは5mm角に切る。
3. 1にA、2、ホールコーンを加えて混ぜる。

ポイント
じゃがいもは冷めるとかたくなるので、熱いうちにつぶすとつぶしやすい。

めしとも

冷蔵 5日 | 冷凍 3週間 | 甘辛

ツヤが出るまで煮からめて
じゃがいもの甘辛みそがらめ

材料（4～5人分）
- じゃがいも …… 4個（500g）
- さやいんげん ………… 6本
- サラダ油 ………… 大さじ1
- A
  - みそ、みりん…各大さじ4
  - 砂糖 ………… 大さじ3

作り方（20分）
1. じゃがいもは皮をむいて、ひと口大に切って水にさらす。耐熱容器に入れ、ラップをして電子レンジ（600W）で6分加熱する。さやいんげんはすじを取り、斜め切りにする。
2. フライパンにサラダ油を中火で熱し、1のじゃがいもをこんがりするまで炒め、さやいんげんを加えてさらに炒める。
3. 2に合わせたAを加え、ツヤが出るまで煮からめる。

食材チェンジ
じゃがいも4個 ➡ さつまいも500g

素材をおいしく保存するには

 冷蔵 保存：**5**日程度
- まるごとなら新聞紙に包み冷暗所に。切ったあとは水にさらして保存容器に入れて冷蔵庫へ。

 冷凍 保存：**1**か月程度
- ゆでてマッシュしてからラップで包み、保存袋に入れて冷凍する。（P178参照）

ボリュームたっぷりで子どもにも人気
ジャーマンポテト

材料（4～5人分）
じゃがいも ……… 4個（500g）
玉ねぎ …………………… 1個
ウインナーソーセージ
　………………………6～7本
オリーブ油 ………… 大さじ1
A｜粒マスタード …… 大さじ1
　｜塩 ……………… 小さじ1/4
　｜粗びき黒こしょう …… 少々
　｜パセリ（みじん切り）…1枝分

作り方（15分）
1. じゃがいもはよく洗い、皮ごとくし形切りにする。玉ねぎは薄切り、ウインナーソーセージは斜め半分に切る。
2. **1**のじゃがいもは水にくぐらせ、ふんわりとラップをし、電子レンジ（600W）で3分ほど加熱する。
3. フライパンにオリーブ油を強火で熱し、**2**を焼き目がつくまで焼いたら、残りの**1**を加えて炒め、**A**を加えて炒め合わせる。

冷蔵 5日 ｜ 冷凍 1か月　塩味

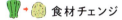 食材チェンジ
ウインナーソーセージ1袋 ➡ ベーコン（短冊切り）6～7枚

酢と塩でさっぱり味に
じゃがいものビネガー炒め

材料（4～5人分）
じゃがいも ……… 4個（500g）
オリーブ油、パセリ（みじん切り）
　……………………… 各大さじ1
A｜酢 …………………小さじ2
　｜塩 ……………… 小さじ1/4
　｜こしょう …………… 少々

作り方（10分）
1. じゃがいもはせん切りにして水にさらし、水けをしっかりきる。
2. フライパンにオリーブ油を中火で熱し、**1**を入れて、透明になるまで炒める。
3. **2**に**A**を加えて混ぜ、パセリをふる。

保存のコツ！

シリコンカップで小分けにしておくと、お弁当に重宝する。

冷蔵 5日 ｜ 冷凍 3週間　さっぱり

サブおかず

里いも

しま模様が等間隔で、ひび割れがないものを選びましょう。煮ものなど、保存効果の高い濃い味つけと相性バッチリ。

サラダ・マリネ

冷蔵 3日 / 冷凍 3週間　こっくり

ねっとりこっくりクリーミー
里いものたらこクリームサラダ

材料（4〜5人分）

里いも	500g
たらこ	3本
クリームチーズ	100g
塩、こしょう	各少々

作り方（20分）

1. 里いもは皮に切り込みを入れて、1つずつラップで包み、電子レンジ（600W）で6〜8分加熱する。熱いうちに皮をむいて、ひと口大に切る。
2. たらこは皮を除いてほぐし、クリームチーズとともに耐熱容器に入れてラップをし、電子レンジで2分加熱する。
3. 2に1を加えてあえ、塩、こしょうで味を調える。

🍳 **アレンジ**
マッシュして、パン粉、オリーブ油をふって、オーブンでこんがりと焼き、スコップコロッケに。

めしとも

冷蔵 3日 / 冷凍 3週間　しょうゆ味

カリふわ食感＋だし汁で上品な味
里いもの揚げだし

材料（4〜5人分）

里いも	500g
ししとう	8本
片栗粉、揚げ油	各適量
A しょうゆ、みりん	各大さじ1/2
だし汁	150ml
しょうが（せん切り）	1片分

作り方（30分）

1. 里いもは皮に切り込みを入れて、1つずつラップで包み、電子レンジ（600W）で6〜8分加熱する。熱いうちに皮をむいて、横半分に切る。ししとうは破裂を防ぐため、つま楊枝で数か所穴をあける。
2. 170℃の揚げ油で1のししとうをさっと揚げ、片栗粉を薄くまぶした里いもをカラッと揚げる。
3. 鍋にAを入れて、中火でひと煮立ちさせ、2と合わせる。

📝 **ポイント**
里いもは、皮つきのまま電子レンジで加熱すると、皮がむきやすく、ホクホクに仕上がる。

素材をおいしく保存するには

 冷蔵 　保存：**5日**程度
- 泥つきのものは新聞紙に包んで冷暗所に。皮をむいたあとは水にさらして保存容器に入れて冷蔵庫へ。

 冷凍 　保存：**1か月**程度
- ゆでてから皮をむき、保存袋に入れて冷凍する。

里いもと高野豆腐、にんじんの食感が楽しい
里いもと高野豆腐の煮もの

材料（4〜5人分）
- 里いも……………… 300g
- にんじん…………… 50g
- さやえんどう……… 8枚
- 高野豆腐（乾燥）…… 2枚
- 塩…………………… 少々
- **A** しょうゆ、みりん……… 各大さじ2
  だし汁……………… 300mℓ

作り方（40分）
1. 里いもはひと口大の乱切りにして、塩もみしてから水洗いし、鍋にかぶるくらいの水とともに入れて下ゆでする。
2. 高野豆腐はぬるま湯でもどして1枚を6等分に、にんじんは皮をむいてひと口大の乱切りに、さやえんどうはすじを取る。
3. 鍋に**A**を中火で煮立て、**1**、高野豆腐、にんじんを入れ、落としぶたをして弱火で10〜15分煮る。
4. さやえんどうを加えてさっと火を通し、火を止めてそのまま冷まし、味を含ませる。

ポイント
里いもはそのまま煮ると粘りが出てしまうので、塩もみして下ゆでしてから使う。

冷蔵 **3日** ｜ 冷凍 **1か月**　　**甘辛**

ボリューム

みたらし団子のような味わい
里いもの照り焼き

材料（4〜5人分）
- 里いも……………… 500g
- 片栗粉……………… 適量
- サラダ油…………… 大さじ1
- **A** しょうゆ、みりん、酒………… 各大さじ2
  砂糖……… 大さじ1と1/2

作り方（10分）
1. 里いもは六角に皮をむいて1cm幅に切り、耐熱容器に入れてラップをし、電子レンジ（600W）で4分加熱する。粗熱が冷めたら、片栗粉を薄くまぶす。
2. フライパンにサラダ油を中火で熱し、**1**の里いもを両面こんがりと焼き、合わせた**A**を加えて、さっとからめる。

キープOK！

1の状態で保存
- 冷蔵 **2日**
- 冷凍 **1か月**

ポイント
短時間で仕上げるために、里いもは切ってからレンジ加熱するのがポイント。

冷蔵 **5日** ｜ 冷凍 **1か月**　　**甘辛**

ラクラク

サブおかず

長いも

表面がきれいで、切り口がみずみずしいものが良品。比較的長持ちする食材ですが、とろろなどにして、空気に触れる部分が多くなると日持ちしにくくなります。

サラダ・マリネ

刻み昆布が味の決め手
長いもの和風マリネ

材料（4～5人分）

- 長いも……300g
- きゅうり……1本
- 刻み昆布(乾燥)……10g
- A
  - しょうゆ……大さじ3
  - 砂糖……大さじ2
  - 酢……大さじ4
  - 水……200mℓ

作り方（15分）

1. 長いも、きゅうりは皮をむいて拍子木切りにする。
2. 鍋にAを入れて中火にかけて煮立て、火を止めて冷ます。
3. 保存容器に1、2、刻み昆布を合わせて30分以上漬ける。

冷蔵 5日 ／ 冷凍 × ／ さっぱり

キープOK!
1の状態で保存
- 冷蔵 2日
- 冷凍 ×

めしとも

長いもをこんがり焼いて香ばしく
長いもとオクラのだし漬け

材料（4～5人分）

- 長いも……400g
- オクラ……8本
- かつお節……3g
- サラダ油……大さじ1/2
- A
  - おろししょうが……小さじ1
  - だし汁……100mℓ
  - しょうゆ、みりん……各小さじ1
  - 塩……小さじ1/4

作り方（15分）

1. 長いもは皮をむいて1cm厚さの半月切りに、オクラはガクを取って、斜め半分に切る。
2. フライパンにサラダ油を中火で熱し、1を入れて裏返しながらこんがりと焼き目がつくまで焼く。
3. ボウルにA、かつお節を入れて混ぜ、2を熱いうちに加えて15分以上味をなじませる。

 ポイント
長いもは、焼きたての熱いものをだし汁に漬けると、味がよくしみ込む。

冷蔵 4日 ／ 冷凍 3週間 ／ しょうゆ味

キープOK!
1の状態で保存
- 冷蔵 2日
- 冷凍 ×

素材をおいしく保存するには

 冷蔵 　保存：**5**日程度
- まるごとなら新聞紙に包んで冷暗所に。切ったあとはラップをして野菜室で保存し、早めに食べる。

 冷凍 　保存：**1**か月程度
- 使いやすく切ってから保存袋に入れて冷凍する。すりおろしてラップで小分けしても便利。

長いもを加熱してほくほくの食感に
長いもとベーコンのペッパー炒め

材料（4〜5人分）
- 長いも ……………… 400g
- にんにく（みじん切り） …… 1片分
- ベーコン ……………… 4枚
- オリーブ油 ………… 大さじ1
- 塩、粗びき黒こしょう
  　　　………… 各適量

作り方（15分）

1. 長いもは皮をむいて輪切りに、ベーコンは1cm幅に切る。
2. フライパンにオリーブ油、にんにくを入れて弱火にかけ、香りが立ったら、1の長いも、ベーコンを加えて、中火でこんがりと炒める。
3. 塩、粗びき黒こしょうを加えて、味を調える。

ボリューム　スパイシー
冷蔵 **3**日 ／ 冷凍 **3**週間

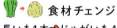 **食材チェンジ**
長いも1本 ➡ じゃがいも400g、またはさつまいも400g

生の長いもを使ってサクサク食感に
長いものレモンあえ

材料（4〜5人分）
- 長いも ……………… 400g
- A
  - レモン汁 ………… 大さじ2
  - オリーブ油 ……… 大さじ1
  - 砂糖 ……… 大さじ1と1/2
  - 塩 ……………… 小さじ1
  - こしょう …………… 少々

作り方（10分）

1. 長いもは皮をむいて、乱切りにする。
2. ボウルにAを入れてよく混ぜ合わせ、1を加えてあえ、15分以上味をなじませる。

ラクラク　さっぱり
冷蔵 **5**日 ／ 冷凍 **3**週間

 アレンジ
たたいて崩し、しらす干し、青じそ（せん切り）、ゆでて冷水でしめたパスタとあえる。

キープOK！
1の状態で保存
- 冷蔵 **2**日
- 冷凍 ✗

サブおかず

きのこ

かさが開きすぎておらず、湿っていないものを選びましょう。オイル漬けやマリネなど、汁に浸けて保存するとおいしさが長続きします。

サラダ・マリネ

冷蔵 5日 / 冷凍 3週間　さっぱり

こんがりと焼いて香ばしさをプラス

エリンギの炒めマリネ

材料（4〜5人分）

- エリンギ……3パック（300g）
- オリーブ油………大さじ2
- A
  - 白ワインビネガー……大さじ1と1/2
  - はちみつ…大さじ1と1/2
  - 塩、こしょう……各適量
  - 赤唐辛子（輪切り）…1/2本分

作り方（10分）

1. エリンギは縦に4つ割りにし、長さは長ければ半分に切る。
2. フライパンにオリーブ油を強火で熱し、**1**をこんがりとした焼き目がつくように炒める。
3. **2**に**A**を加えてさっとからめる。

キープOK!
1の状態で保存
- 冷蔵 **2**日
- 冷凍 **1**か月

めしとも

冷蔵 4日 / 冷凍 1か月　甘辛

2種類のきのこでうまみを出して

きのこといんげんのオイスターソース炒め

材料（4〜5人分）

- しいたけ………6枚（180g）
- しめじ………1パック（100g）
- さやいんげん…………12本
- しょうが（みじん切り）…1片分
- サラダ油……大さじ1と1/2
- A
  - 酒……………大さじ2
  - オイスターソース……大さじ1/2
  - 塩、こしょう……各少々

作り方（15分）

1. きのこは石づきを落とす。しいたけは十字に4等分に切り、しめじはほぐす。さやいんげんはすじを取り、3cm長さの斜め切りにする。
2. フライパンにサラダ油を弱火で熱し、しょうがを炒め、香りが立ったら、**1**のきのこ、さやいんげんを加えて中火で炒める。
3. 油が回るまでしっかり炒めたら、合わせた**A**を加え、照りが出るまで炒め合わせる。

食材チェンジ

きのこ、さやいんげんを半量に減らし、牛こま切れ肉200gをプラスしてメインおかずに。

素材をおいしく保存するには

 冷蔵 保存：**4日程度**
- 水分を嫌うので濡らさないように注意し、石づきをつけたまま保存袋に入れて保存を。

 冷凍 保存：**1か月程度**
- 石づきを落としてほぐすか、食べやすい大きさに切ってから保存袋に入れて冷凍する。何種類かミックスしても便利。

バルサミコ酢でワンランク上の味わい
しめじとベーコンのバルサミコソテー

材料（4～5人分）
- しめじ……… 2パック（200g）
- ベーコン ………………… 4枚
- 玉ねぎ ………………… 1/2個
- にんにく（みじん切り）… 1片分
- オリーブ油 ………… 大さじ2
- **A**
  - バルサミコ酢 …… 大さじ2
  - 砂糖 ……………… 大さじ1
  - しょうゆ ……… 大さじ1/2
  - こしょう ………………… 少々

作り方（⏱15分）
1. しめじは石づきを落としてほぐす。玉ねぎは薄切りに、ベーコンは1cm幅に切る。
2. フライパンにオリーブ油、にんにくを入れて弱火で熱し、香りが立ったら、**1**を入れて強火で炒め、合わせた**A**を加えて、水分をとばすように炒め合わせる。

ポイント
しめじは加熱すると水分が出るので、調味料とともに強火でしっかり水けをとばす。

ボリューム｜冷蔵 **4**日／冷凍 **3**週間｜**甘酸っぱい**

シンプルなラクうまおかず
酒蒸し塩きのこ

材料（4～5人分）
- しめじ……… 1パック（100g）
- しいたけ ………… 8枚（240g）
- えのきだけ …… 大1袋（150g）
- 酒 …………………… 大さじ3
- 塩 …………………… 小さじ1

作り方（⏱10分）
1. きのこは石づきを落とす。しめじはほぐし、しいたけは薄切りに、えのきだけは半分の長さに切ってほぐす。
2. 耐熱容器に**1**のきのこ、酒を入れ、ラップをして電子レンジ（600W）で6～7分加熱し、熱いうちに塩を加えて混ぜ合わせる。

キープOK！

1の状態で保存
- 冷蔵 **3**日
- 冷凍 **1**か月

アレンジ
マリネや、パスタ、スープなどの具、みぞれあえ、リゾットなどなんでも大活躍。

ラクラク｜冷蔵 **4**日／冷凍 **3**週間｜**塩味**

サブおかず（きのこ）

サラダ・マリネ

冷蔵 2日 / 冷凍 2週間　こっくり

食物繊維がしっかりとれる
きのこと豆のサラダ

材料（4〜5人分）
- しめじ……… 1パック(100g)
- えのきだけ…… 1袋(100g)
- ミックスビーンズ(缶詰)
  …………………… 100g
- A
  - マヨネーズ…… 大さじ3
  - 粒マスタード…… 大さじ1
  - はちみつ……… 小さじ1
  - 塩…………… 小さじ1/4
  - こしょう………… 少々

作り方（10分）
1. きのこは石づきを落とし、しめじはほぐし、えのきだけは半分の長さに切ってほぐす。
2. 1を耐熱容器に入れ、ラップをして、電子レンジ(600W)で3分加熱して冷ます。
3. ボウルにAを入れて混ぜ合わせ、2、ミックスビーンズを缶汁をきって加えて、あえる。

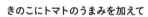

めしとも

冷蔵 5日 / 冷凍 1か月　さっぱり

きのこにトマトのうまみを加えて
たっぷりきのこと野菜のトマト煮

材料（4〜5人分）
- しめじ……… 2パック(200g)
- エリンギ…… 2パック(200g)
- ズッキーニ………… 1/2本
- パプリカ(黄)……… 1/2個
- にんにく(薄切り)…… 1片分
- オリーブ油………… 大さじ2
- カットトマト(缶詰)…… 400g
- コンソメスープの素(顆粒)
  ………………… 小さじ2
- 塩、こしょう……… 各適量

作り方（30分）
1. しめじは石づきを落としてほぐし、エリンギ、ズッキーニは2cm幅のいちょう切り、パプリカは2cm角に切る。
2. 鍋にオリーブ油、にんにくを入れて弱火にかけ、香りが立ったら、1を加えて中火で炒める。
3. 全体に油がなじんだら、カットトマト、コンソメスープの素を加え、ふたをして10〜15分煮て、塩、こしょうで味を調える。

きのこをたっぷり入れてヘルシーに
きのこと牛肉のしぐれ煮

材料（4〜5人分）
- しいたけ ………… 8枚（240g）
- えのきだけ ……… 1袋（100g）
- 牛こま切れ肉 …………… 200g
- しょうが（薄切り） ……… 1片分
- ごま油 …………… 大さじ1/2
- A しょうゆ、みりん、砂糖
  - …………… 各大さじ2
- 酒 ………………… 100mℓ

作り方（30分）
1. きのこは石づきを落とし、しいたけは薄切りに、えのきだけは半分の長さに切ってほぐす。
2. 鍋にごま油を中火で熱し、牛こま切れ肉を加えてさっと炒め、取り出す。
3. 2の鍋にAを入れて煮立て、1、しょうがを加えて、煮汁が半分になるまで煮る。
4. 3に2の牛肉をもどし入れ、煮汁がほとんどなくなるまで煮る。

ボリューム

冷蔵 5日 ｜ 冷凍 1か月　甘辛

ポイント
調味料の煮汁を半量以下になるよう水けをとばして濃厚な味わいに。

きのこのうまみとバターのコクたっぷり
きのこのバターしょうゆ

材料（4〜5人分）
- しめじ ……… 1パック（100g）
- しいたけ ………… 8枚（240g）
- えのきだけ ……… 1袋（100g）
- A 酒 ……………… 大さじ2
  - しょうゆ ………… 大さじ1
- バター ………………… 20g

作り方（10分）
1. きのこは石づきを落とし、しめじはほぐし、えのきだけは半分の長さに切ってほぐす。しいたけは薄切りにする。
2. 耐熱容器に1を入れ、Aを回しかけ、バターをのせる。ラップをして、電子レンジ（600W）で4分加熱する。取り出してすぐに混ぜて、ラップをせずに1分加熱して、そのまま冷ます。

ラクラク

冷蔵 5日 ｜ 冷凍 3週間　しょうゆ味

保存のコツ！

シリコンカップで小分けにしておくと、お弁当に重宝する。

アレンジ
ゆでたパスタとあえたり、刻んでごはんと混ぜ合わせて混ぜごはんに。卵でとじても。

サブおかず

大豆・大豆製品

大豆の水煮やもどす前の高野豆腐は日持ちしますが、油揚げや厚揚げは買ったその日に調理するか冷凍しておくのがおすすめ。

サラダ・マリネ

冷蔵 3日 ／ 冷凍 ✗　さっぱり

油揚げをこんがりと焼いて
香ばし油揚げと水菜の和風サラダ

材料（4〜5人分）
- 油揚げ……2枚（120g）
- 水菜……1束
- A めんつゆ（3倍濃縮）、白すりごま……各大さじ2
  オリーブ油……大さじ1

作り方（10分）
1. 水菜は根元を切り落とし、3cm長さに切り、たっぷりの水にさらし、水けをよくきる。
2. 油揚げはオーブントースターまたはグリルでこんがりと焼き、短冊に切る。
3. ボウルにAを入れてよく混ぜ、1、2を加えてあえる。

🔪ポイント
油揚げは香ばしく焼くことで、余分な油が落ちるので、油抜きが不要になる。

めしとも

冷蔵 4日 ／ 冷凍 1か月　塩味

淡白な高野豆腐にコンソメが意外と合う
高野豆腐のコンソメ煮

材料（4〜5人分）
- 高野豆腐（乾燥）……4枚（70g）
- さやいんげん……6本
- A コンソメスープの素（顆粒）……小さじ2
  水……400ml
  塩……少々
- 粗びき黒こしょう……少々

作り方（10分）
1. 高野豆腐はぬるま湯でもどし、1枚を十字に4等分に切る。
2. さやいんげんはすじを取って、長さを半分に切る。
3. 鍋にA、1を入れ、5分ほど弱火で煮る。2を加え、さっと煮て、粗びき黒こしょうをふる。

🥬→🍲 食材チェンジ
A→水400ml、白だし50ml
（粗びき黒こしょうはふらない）

キープOK！
1の状態で保存
■冷蔵 2日
■冷凍 2週間

素材をおいしく保存するには

 保存：3日程度
- 大豆(水煮)、高野豆腐は保存容器に入れ、油揚げ、厚揚げは袋から出したらラップで包み、冷蔵庫へ。

 保存：1か月程度
- 油揚げはラップに包み、大豆(水煮)は煮汁ごと、保存袋へ。厚揚げは冷凍NG。

ねっとり甘くおやつにもぴったり
ごまじゃこ大豆

材料（4〜5人分）
- 大豆(水煮缶)……3缶(300g)
- ちりめんじゃこ………50g
- 片栗粉………大さじ1と1/2
- ごま油…………大さじ3
- A｜しょうゆ、砂糖、みりん……各大さじ1と1/2
- 白いりごま………大さじ1

作り方（15分）
1. 大豆をザルにあげ、しっかりと水けをきり、ペーパータオルでよくふき取る。
2. 1を保存袋に入れ、片栗粉を加えてまぶす。
3. フライパンにごま油を中火で熱し、1を入れて炒め、ちりめんじゃこも加えてカリカリに炒める。
4. きつね色になったら、ペーパータオルで余分な油をふき取り、Aを加えて煮からめ、白いりごまをふる。

ポイント
大豆はしっかりと水けをきり、片栗粉をまぶすことで調味料がからみやすくなる。

冷蔵 5日 ／ 冷凍 3週間　**甘辛**　ボリューム

にんにくとおかかの香りで箸がすすむ
厚揚げのにんにくおかか炒め

材料（4〜5人分）
- 厚揚げ………2枚(400g)
- ししとう…………10本
- にんにく(みじん切り)……1片分
- かつお節…………5g
- サラダ油………大さじ1/2
- A｜しょうゆ、みりん、酒……各大さじ1と1/2

作り方（10分）
1. 厚揚げは1枚を16等分に切る。ししとうは破裂を防ぐため、つま楊枝で穴をあける。
2. フライパンにサラダ油、にんにくを入れて弱火にかけ、香りが立ったら、1を加えて中火でこんがりと炒め、A、かつお節を加えて、さっと炒め合わせる。

保存のコツ！

日持ちさせるために厚揚げは油抜きせず、濃いめの味つけに。

冷蔵 3日 ／ 冷凍 ✕　**しょうゆ味**　ラクラク

サブおかず

その他豆類

いずれも色ツヤがよく、ふっくらとしたものを選びましょう。さやから出すと皮がかたくなりがちなので、煮汁に浸けて保存して。

サラダ・マリネ

冷蔵 3日 ｜ 冷凍 ✕　ざっぱり

塩分の高い生ハムを使って保存性アップ

そら豆のハーブマリネ

材料（4～5人分）
- そら豆（塩ゆで冷凍）……400g
- 生ハム……………………100g
- 玉ねぎ…………………1/2個
- A
  - オリーブ油、酢‥各大さじ2
  - ハーブソルト……小さじ1
  - 粗びき黒こしょう……少々

作り方（10分）

1 鍋に湯を沸かし、そら豆を入れて、再沸騰したらザルにあげて水けをきり、皮をむく。

2 生ハムは食べやすい大きさに切る。玉ねぎは薄切りにして水にさらして、水けをよく絞る。

3 ボウルに1、2、Aを入れて、よく混ぜ合わせる。

ポイント
冷凍そら豆を使うので、冷凍保存は避ける。生のそら豆を使う場合は冷凍できる。（1か月保存可能）

キープOK!

1の状態で保存
- 冷蔵 2日
- 冷凍 ✕

めしとも

冷蔵 5日 ｜ 冷凍 ✕　塩味

冷凍のグリーンピースでラクラク

グリーンピースの翡翠煮（ひすい）

材料（4～5人分）
- グリーンピース（冷凍）…200g
- A
  - だし汁……………200ml
  - 塩……………小さじ2/3
  - 砂糖……………小さじ2
  - おろししょうが‥小さじ1/2

作り方（15分）

1 鍋に湯を沸かし、塩少々（分量外）を加え、グリーンピースを入れて再沸騰するまで加熱する。

2 別の鍋にAを中火で煮立て、水けをきった1を加えて、ひと煮立ちしたら火を止め、そのまま冷まし、味を含ませる。

ポイント
しょうがを加えて、さわやかな風味と、抗菌効果をプラス。

素材をおいしく保存するには

 冷蔵 | 保存：**3**日程度
● さやから出したもの、缶詰からあけたものは保存容器に入れ、冷蔵庫へ。いずれも乾燥に注意すること。

 冷凍 | 保存：**1**か月程度
● 塩ゆでしたものは、保存袋に入れて冷凍庫へ。冷凍食品は、一度開封したら空気が入らないように注意。

トマトを加えてじっくり煮込んで
ポークビーンズ

材料（4〜5人分）
- ミックスビーンズ（缶詰）……… 2缶(200g)
- 豚こま切れ肉 ………… 200g
- 玉ねぎ ……………… 1個
- にんにく(みじん切り) … 1片分
- オリーブ油 ………… 大さじ1
- ホールトマト(缶詰) …… 400g
- A
  - コンソメスープの素(顆粒) ………… 小さじ2
  - トマトケチャップ … 大さじ1
- 塩、こしょう ……… 各少々
- パセリ(みじん切り) ……… 少々

作り方（25分）
1. 玉ねぎは1cm角に、豚こま切れ肉は2cm幅に切る。
2. 鍋にオリーブ油、にんにくを入れて弱火にかけ、香りが立ったら、**1**を加えて中火で炒める。
3. 肉の色が変わったら、ホールトマトを加えてトマトをつぶし、**A**、缶汁をきったミックスビーンズを加えて、弱火で15分煮る。
4. 塩、こしょうで味を調え、パセリをふる。

ボリューム

冷蔵 **3**日 ｜ 冷凍 **1**か月　**こっくり**

ごま油をかけて焼くだけ
焼き枝豆

材料（4〜5人分）
- 枝豆(冷凍・さやつき) …… 300g
- 塩 ………………… 小さじ1
- ごま油 …………… 大さじ2

作り方（10分）
1. 枝豆はザルに入れて流水でこすり合わせるように洗い、水けをきって塩をまぶす。
2. アルミホイルを敷いて**1**をのせ、ごま油を回しかけ、アルミホイルを上からかぶせる。
3. 魚焼きグリルまたはオーブントースターで、焦げ目がつくまで焼く。

食材チェンジ
ごま油大さじ2 ➡ ラー油大さじ1、ガーリックオイル大さじ2

ラクラク

冷蔵 **3**日 ｜ 冷凍 × 　**塩味**

サブおかず

ひじき

甘辛い味つけや、酸味を加えてサラダやあえものにすると比較的日持ちします。生ならふっくらしているもの、乾燥ならツヤがあり、大きさが揃っているものを選んで。

サラダ・マリネ

冷蔵 3日 ／ 冷凍 ✕　　ざっぱり

抗菌効果のある梅干しを使って長持ち
ひじきの梅サラダ

材料（4〜5人分）
- 芽ひじき（乾燥）……… 30g
- 水菜 ……………… 1/3束
- みょうが ……………… 3個
- 梅干し ……………… 中5個
- A しょうゆ、みりん ……… 各大さじ2
- 　 オリーブ油 ……… 大さじ1と1/2

作り方（15分）
1. 芽ひじきはたっぷりの水でもどし、熱湯でさっとゆでて、ザルにあげて冷ます。
2. 水菜は根元を落とし、3cm長さに切る。みょうがは縦半分に切って斜めにせん切りにし、ともに水にさらし、ザルにあげて水けをしっかりときる。
3. 梅干しは種を取って、包丁でたたく。
4. ボウルにAと3を入れて混ぜ、1、2を加えてよくあえる。

ポイント
梅干しの塩分を調味料代わりに。物足りないようなら、しょうゆを少々プラスして。

めしとも

冷蔵 4日 ／ 冷凍 1か月　　しょうゆ味

覚えておきたい常備菜の定番
ひじきの炒め煮

材料（4〜5人分）
- 芽ひじき（乾燥）……… 10g
- 油揚げ ……………… 1/3枚
- にんじん ……………… 1/4本
- さやえんどう ……………… 6枚
- しいたけ ……………… 2枚
- サラダ油 ……… 大さじ1/2
- A だし汁 ……………… 80ml
- 　 しょうゆ ……… 大さじ1
- 　 砂糖 ……… 大さじ1と1/2

作り方（15分）
1. 芽ひじきはたっぷりの水でもどして、ザルにあげて水けをきる。
2. 油揚げは半分に切って1cm幅に切り、にんじんは皮をむいて、すじを取ったさやえんどうとともに細切りに、しいたけは軸を落として薄切りにする。
3. 鍋にサラダ油を中火で熱し、1、2を炒め、Aを加えて煮立ったら弱火で汁けがなくなるまで煮る。

アレンジ
酢めしに混ぜていなり寿司に。
野菜と合わせて和風サラダに。

素材をおいしく保存するには

 冷蔵 | 保存：**3日**程度
- 乾燥のままなら常温で保存。もどしたらラップに包むか、保存容器に入れて冷蔵庫へ。

 冷凍 | 保存：**1か月**程度
- もどしたものは、さっとゆでて保存袋に入れて冷凍庫へ。煮ものにして、ラップで小分けにして冷凍しても便利。

保水力の高い麩をつなぎに使ってジューシーに
ひじきバーグ

材料（4～5人分）

- 芽ひじき（乾燥）……… 15g
- 合いびき肉 ……… 150g
- 玉ねぎ ……… 1/2個
- にんじん ……… 1/2本
- 小町麩（すりおろす）…… 10個分
- 水 ……… 大さじ2
- サラダ油 ……… 大さじ1
- 塩、こしょう ……… 各少々
- **A** しょうゆ、みりん ……… 各大さじ2
- 砂糖 ……… 小さじ1

作り方（30分）

1. 芽ひじきはたっぷりの水でもどし、ザルにあげて水けをよくきる。
2. にんじんは皮をむき、玉ねぎとともにみじん切りにして耐熱容器に入れ、塩、こしょうをふってラップなしで電子レンジ(600W)で2分加熱して冷ます。
3. ボウルに合いびき肉、1、2、小町麩、分量の水を入れて練り混ぜ、食べやすい大きさに丸める。
4. フライパンにサラダ油を中火で熱し、3を転がしながら焼き、ふたをして弱火で火を通し、Aを加えて水けをとばしながら煮る。

ボリューム / 冷蔵3日 冷凍1か月 / **甘辛**

もどし時間を省略して時短調理
ひじきのごまあえ

材料（4～5人分）

- 芽ひじき（乾燥）……… 20g
- ちくわ ……… 2本
- さやいんげん ……… 100g
- **A** 白すりごま ……… 大さじ3
- しょうゆ … 大さじ1と1/2
- 砂糖 ……… 小さじ2

作り方（10分）

1. 芽ひじきは耐熱容器に入れてたっぷりの水を注ぎ、ふんわりとラップをして電子レンジ(600W)で2分加熱し、ザルにあげてさっと洗う。
2. 鍋にたっぷりの湯を沸かし、すじを取ったさやいんげん、1をさっとゆで、ザルにあげる。
3. 2のさやいんげんは水けをきって斜め切りに、ちくわは輪切りにする。
4. Aをボウルに入れて混ぜ合わせ、2のひじき、3を加えてあえる。

ポイント
ひじきはもどす時間を短縮するため、電子レンジで水とともに加熱する。

ラクラク / 冷蔵4日 冷凍1か月 / **しょうゆ味**

サブおかず

切り干し大根

色が変わりやすいので、消費期限が近づいたら早めに調理するか、冷凍保存がおすすめ。さっともどしてシャキシャキ食感を生かしましょう。

サラダ・マリネ

冷蔵 2日 ／ 冷凍 ×　こっくり

シャキシャキの食感を残して
切り干し大根のサラダ

材料（4〜5人分）
- 切り干し大根（乾燥）……30g
- ロースハム……4枚
- きゅうり……1本
- 塩……少々
- A
  - マヨネーズ……大さじ2
  - 酢……大さじ1
  - 塩、こしょう、砂糖……各少々

作り方（15分）
1. 切り干し大根はたっぷりの水でもどし、熱湯をかけてから洗い、水けを絞ってざく切りにする。
2. きゅうりはせん切りにし、塩をふり、水けを絞る。ロースハムはせん切りにする。
3. ボウルにAを入れて混ぜ、1、2を加えてあえる。

ポイント
切り干し大根をよく絞り、調味料の水分を吸わせることで日持ちアップ。

めしとも

冷蔵 5日 ／ 冷凍 1か月　甘辛

おなじみのほっこり和惣菜
切り干し大根の煮もの

材料（4〜5人分）
- 切り干し大根（乾燥）……50g
- 油揚げ……1枚
- にんじん……1/3本
- さやいんげん……4本
- サラダ油……大さじ1
- A
  - だし汁……350ml
  - しょうゆ、酒……各大さじ1と1/2
  - 砂糖……小さじ2

作り方（20分）
1. 切り干し大根はたっぷりの水でもどしてさっと洗い、水けを絞ってざく切りにする。にんじんは皮をむいてせん切りに、油揚げは油抜きをして、縦半分に切ってから、せん切りにする。
2. さやいんげんはすじを取って斜め切りにする。
3. 鍋にサラダ油を中火で熱し、1を炒め、全体に油が回ったらAを加え、煮汁がほとんどなくなるまで煮る。
4. 3に2を加えてさっと煮る。

アレンジ
混ぜごはんや炊き込みごはんの具に。卵焼きに混ぜ込んで焼いても。

素材をおいしく保存するには

 冷蔵 保存：**3日程度**
● 乾燥のままなら、常温で保存。もどしたら、水けを絞り、保存袋か保存容器に入れて冷蔵庫へ。

 冷凍 保存：**1か月程度**
● もどしたものは、さっとゆでて水けを絞り、ラップで小分けに包んで、保存袋に入れて冷凍庫へ。

ボリューム

台湾の家庭料理の定番
切り干し大根のオムレツ

材料（4〜5人分）
- 切り干し大根（乾燥） …… 30g
- 卵 ……………………… 5個
- 万能ねぎ（小口切り） … 1/2束分
- ごま油 ………………… 大さじ1
- A
  - 鶏がらスープの素（顆粒）
    ……………… 小さじ1/2
  - 塩、こしょう …… 各少々
- B 酒、しょうゆ… 各大さじ1
- サラダ油 …………… 大さじ1/2

作り方（15分）
1. 切り干し大根は水でもどして洗い、水けを絞ってざく切りにする。
2. ボウルに卵を割りほぐし、万能ねぎ、**B**を加えて混ぜ合わせる。
3. 卵焼き器（またはフライパン）にごま油を中火で熱し、**1**を炒め、**A**を加えてよく混ぜ、**2**に加えて手早く混ぜ合わせる。
4. 卵焼き器にサラダ油を中火で熱し、**3**を流し入れて箸で大きく混ぜながら、半熟状になったら弱火にして平らにならし、ふたをして両面焼く。

ポイント
卵料理はすぐに食べない場合、中までしっかり加熱すること。

冷蔵 **3日** ／ 冷凍 **2週間**　塩味

ラクラク

さきいかでうまみをプラス
切り干しキムチ

材料（4〜5人分）
- 切り干し大根（乾燥） …… 30g
- さきいか ……………… 30g
- 白菜キムチ …………… 50g
- 貝割れ大根 …………… 40g
- A
  - ごま油、めんつゆ（3倍濃縮）
    …………… 各小さじ1
  - 白いりごま ………… 適量

作り方（10分）
1. 切り干し大根はたっぷりの水でもどしてさっと洗い、水けを絞ってざく切りにする。
2. さきいかは細かくほぐし、白菜キムチは粗く刻む。貝割れ大根は根を切り落として半分に切る。
3. ボウルに**A**を入れて混ぜ、**1**、**2**を加えてあえる。

アレンジ
ごはんと一緒に炊いて、炊き込みごはんに。

キープOK！

1の状態で保存
■ 冷蔵 **2日**
■ 冷凍 **1か月**

冷蔵 **5日** ／ 冷凍 **×**　ピリ辛

サブおかず

昆布・わかめ

昆布は幅広で肉厚のもの、わかめはツヤがあり、大きさが揃っているものを選んで。長時間もどしてから作りおきすると、どろどろになるので、短時間にとどめましょう。

サラダ・マリネ

冷蔵 3日 | 冷凍 2週間　さっぱり

ポン酢とごま油で和風ドレッシング味

海藻ときゅうりのツナマリネ

材料（4〜5人分）

- 海藻ミックス（またはわかめ・乾燥）……10g
- きゅうり……1本
- ツナ（缶詰）……小1缶
- 塩……少々
- A ポン酢しょうゆ……大さじ3
-   ごま油……大さじ1

作り方（10分）

1. 海藻ミックスは水でもどして、水けをよく絞る。きゅうりは輪切りにして、塩をふってから、水けを絞る。
2. ツナは缶汁をよくきり、ボウルに入れて、1、Aを加えて、混ぜ合わせる。

 ポイント
ツナは缶汁ごと入れると水っぽくなったり、生臭くなったりするので、よく汁けをきってあえる。

キープOK！
1の状態で保存
■ 冷蔵 2日
■ 冷凍 1か月

めしとも

冷蔵 5日 | 冷凍 ✕　しょうゆ味

定番お惣菜の作り方をマスター

刻み昆布のさっと煮

材料（4〜5人分）

- 刻み昆布(生)……200g
- にんじん……1/2本
- さつま揚げ……大1枚
- サラダ油……大さじ1
- A だし汁……150ml
-   しょうゆ……大さじ3
-   酒……大さじ2
-   みりん……大さじ1

作り方（20分）

1. 刻み昆布はさっと洗って食べやすい長さに切る。にんじんは皮をむいて細切りに、さつま揚げは短冊切りにする。
2. 鍋にサラダ油を中火で熱し、1を入れて炒め、Aを加えて煮汁が少なくなるまで煮る。

🥬→🥔 食材チェンジ
さつま揚げ大1枚→油揚げ1枚、またはちくわ(輪切り)1本

素材をおいしく保存するには

 冷蔵　保存：3日程度
- 乾燥のままなら、常温で保存。もどしたら水けを絞り、保存袋か保存容器に入れて冷蔵庫へ。

 冷凍 保存：1か月程度
- 昆布は乾燥したまま保存袋へ。わかめはもどしてラップで包み、保存袋に入れて。みそ汁1回分に分けておくと便利。

缶詰のいわしで骨までやわらか
いわし昆布巻き

材料（4～5人分）
- 早煮昆布 …… 30cm×6枚
- いわしのしょうゆ煮（缶詰） …… 6尾
- A｜しょうゆ、みりん、砂糖 …… 各大さじ1

作り方（⏱30分）
1. 早煮昆布はさっと洗って、しんなりしたら、まな板に広げる。
2. いわしのしょうゆ煮を1の上にのせ、巻いてつま楊枝でとめる。
3. 鍋に2を並べ、かぶるぐらいの水を注ぎ、A、缶詰の汁を加えて落としぶたをし、中火にかける。
4. 煮立ったら弱火にし、やわらかくなるまで煮て、冷まし、食べやすい大きさに切る。

ポイント
昆布は必ず「早煮」と書いてあるものを。早煮昆布はスーパーなどで購入できる。

冷蔵 5日｜冷凍 1か月　**甘辛**

ボリューム

油で炒めてわかめがたっぷり食べられる
わかめともやしの中華炒め

材料（4～5人分）
- わかめ（乾燥） …… 10g
- もやし …… 1袋
- 長ねぎ …… 1/4本
- しょうゆ …… 大さじ1
- 塩、こしょう、一味唐辛子 …… 各少々
- ごま油 …… 大さじ1

作り方（⏱10分）
1. わかめは水でもどして、水けを絞る。長ねぎはみじん切りにする。
2. フライパンにごま油を強火で熱し、1の長ねぎを炒め、わかめ、もやしを加えて、さっと炒める。
3. しょうゆを回し入れ、塩、こしょうで調味し、一味唐辛子をふる。

食材チェンジ
わかめ10g ➡ にら（ざく切り）適量
もやし1袋 ➡ えのきだけ2袋（200g）

冷蔵 3日｜冷凍 ✕　**ピリ辛**

ラクラク

サブおかず

こんにゃく・しらたき

日付を確かめて、なるべく新しい、弾力があるものを選びましょう。下ゆで、塩もみ、から炒りなどの下ごしらえをすると、臭みが取れます。

サラダ・マリネ

冷蔵 3日 ｜ 冷凍 ✕　ざっぱり

シャキ！つる！の食感が新鮮
刺身こんにゃくと長いもの中華マリネ

材料（4〜5人分）

- 刺身こんにゃく（青のり入り） …… 200g
- 長いも …… 15cm
- しょうが（せん切り）…… 1片分
- A
  - めんつゆ（3倍濃縮）… 大さじ1
  - ポン酢しょうゆ、ごま油 …… 各大さじ2

作り方（10分）

1. 刺身こんにゃくは洗って薄いそぎ切りにし、水けをふき取る。
2. 長いもは皮をむいて保存袋に入れ、めん棒などでたたいて、食べやすい大きさに割る。
3. 2にA、1のこんにゃく、しょうがを加えてよく混ぜ合わせる。

キープOK！
2の状態で保存
- 冷蔵 **2日**
- 冷凍 **1か月**

🔪 **ポイント**
刺身こんにゃくは水分が多く、作りおきすると味がぼやけるので、水けはしっかりとふく。

めしとも

冷蔵 5日 ｜ 冷凍 ✕　ピリ辛

しっかり炒めることで味がしみ込む
こんにゃくのピリ辛炒め

材料（4〜5人分）

- こんにゃく …… 1枚（250g）
- サラダ油 …… 大さじ1
- A
  - 七味唐辛子、酒、みりん、しょうゆ …… 各大さじ1
  - 砂糖 …… 小さじ1

作り方（10分）

1. こんにゃくは両面に2〜3mm間隔で格子状の切り込みを入れ、2cm角に切り、下ゆでをする。
2. フライパンにサラダ油を中火で熱し、1を炒め、全体が白っぽくなったら、合わせたAを加えて、炒め煮にする。

🔪 **ポイント**
こんにゃくは長い時間下ゆですると、時間が経ったとき、かたくなるので注意。

素材をおいしく保存するには

 冷蔵　保存：3日程度
- 袋から出したら、保存容器に入れて水に浸し、冷蔵庫へ。水を張り替えると日持ちする。

 冷凍　×
- 冷凍するとスカスカの食感になるので、冷凍保存は不向き。

レンジ加熱して水けをふき取るのがポイント
こんにゃくチャプチェ

ボリューム

材料（4～5人分）
- つきこんにゃく………300g
- 牛もも薄切り肉………100g
- ピーマン………………2個
- 赤ピーマン……………1個
- たけのこ(水煮)…………50g
- ごま油……………大さじ1
- A 酒、砂糖、しょうゆ、みりん
  　……各大さじ1と1/2
  　おろしにんにく……1片分
- しょうゆ……大さじ1と1/2
- 白いりごま……………適量

作り方（20分）
1. つきこんにゃくはペーパータオルで包んで耐熱容器にのせ、ラップをせずに電子レンジ(600W)で2分加熱し、水けをふき取る。
2. 牛もも薄切り肉は細切りにし、Aを加えてもみ込む。
3. ピーマン、赤ピーマン、たけのこは水けをきり、細切りにする。
4. フライパンにごま油を中火で熱し、2を汁ごと加えて炒め、色が変わったら1、3を加えて炒める。
5. 4にしょうゆを回し入れて炒め合わせ、白いりごまをふる。

冷蔵 5日 ｜ 冷凍 × ｜ 甘辛

低カロリーなのにがっつりおいしい
しらたきのペペロンチーノ

ラクラク

材料（4～5人分）
- しらたき(アク抜き不要のもの)
  　………………2袋(400g)
- にんにく(薄切り)………2片分
- 赤唐辛子(輪切り)……1/2本分
- オリーブ油………大さじ2
- A 白ワイン…………大さじ1
  　ハーブソルト……小さじ1
- 塩、粗びき黒こしょう・各少々
- パセリ(みじん切り)………適量

作り方（10分）
1. しらたきはさっとゆで、水けをよくきって、食べやすい長さに切る。
2. フライパンにオリーブ油、にんにく、赤唐辛子を入れて弱火にかけ、香りが立ったら、1のしらたきを入れて、中火で炒める。
3. 2にAを加えて、水分をとばすようにして炒め合わせ、塩、粗びき黒こしょうで味を調え、パセリを散らす。

冷蔵 3日 ｜ 冷凍 × ｜ 塩味

サブおかず

春雨

熱湯にさっと浸けてもどし、歯ごたえを残すようにします。水けをしっかり絞り、サラダやあえものに。水けをとばしながら炒めものにしても、日持ちします。

サラダ・マリネ

冷蔵 3日 ／ 冷凍 ✕ ／ さっぱり

懐かしい給食の味
バンサンスー

材料（4〜5人分）
- 緑豆春雨(乾燥)……… 50g
- ロースハム……… 4枚
- きゅうり……… 1本
- 卵……… 2個
- サラダ油……… 適量
- A
  - 酢……… 大さじ4
  - 砂糖、しょうゆ……… 各大さじ2
  - ごま油、白いりごま……… 各大さじ1

🥬→🥔 食材チェンジ
A→マヨネーズ大さじ3、ポン酢しょうゆ大さじ3

作り方（⏱20分）
1. 緑豆春雨は熱湯でゆでてもどし、ザルにあげて水けをきり、食べやすい長さに切る。
2. きゅうり、ロースハムは細切りにする。
3. 卵は溶きほぐし、サラダ油を中火で熱したフライパンで、厚めの薄焼き卵を作って、細切りにする。
4. ボウルにAを入れて混ぜ合わせ、1、2、3を加えて混ぜ合わせる。

めしとも

冷蔵 3日 ／ 冷凍 ✕ ／ ピリ辛

小麦粉でとろみをつけて水けが出るのを防ぐ
麻婆春雨

材料（4〜5人分）
- 緑豆春雨(乾燥)……… 150g
- 豚ひき肉……… 60g
- チンゲン菜……… 1株
- 豆板醤……… 小さじ1/2
- ごま油……… 大さじ2
- A
  - 水……… 300mℓ
  - しょうゆ……… 大さじ3
  - 中華だしの素(顆粒)、オイスターソース……… 各小さじ2
  - 砂糖……… 少々
  - 小麦粉……… 大さじ1/2
  - おろししょうが、おろしにんにく……… 各小さじ1/4

作り方（⏱15分）
1. 緑豆春雨は熱湯でゆでてもどし、ザルにあげて水けをきり、食べやすい長さに切る。
2. チンゲン菜は葉はざく切りに、根元は8等分のくし形に切る。
3. フライパンにごま油を中火で熱し、豆板醤と豚ひき肉を炒め、1とチンゲン菜の根元を加えてさっと炒める。
4. 3に合わせたAを加えてとろみがつくまで煮つめ、チンゲン菜の葉を加えて炒め合わせる。

素材をおいしく保存するには

 冷蔵　保存：3日程度
- 乾燥のままなら、常温で保存。もどしたら水けを絞り、保存袋か保存容器に入れて冷蔵庫へ。

 冷凍　✕
- もどしたものを冷凍するとボソボソとした食感になるので、冷凍保存は不向き。

春雨をもどさず加えてだしのうまみを吸わせて
キャベツの春雨炒め

材料（4～5人分）
- 春雨（乾燥）……… 80g
- 豚こま切れ肉 ……… 100g
- キャベツ ……… 1/6個
- にんじん ……… 1本
- しょうが（せん切り）…… 1片分
- ごま油 ……… 大さじ1
- **A**
  - 水 ……… 200ml
  - 和風だしの素（顆粒）……… 小さじ1
  - しょうゆ ……… 大さじ2
  - 砂糖 ……… 大さじ1/2

作り方（⏲20分）
1. 豚こま切れ肉は1cm幅に切り、キャベツ、にんじんは皮をむいて短冊切りにする。
2. フライパンにごま油としょうがを入れて中火で熱し、1の豚肉を加えて炒め、肉の色が変わったら、キャベツ、にんじんを加えて炒める。
3. キャベツがしんなりしたら、**A**を加えて煮立たせ、春雨を食べやすい大きさにはさみで切って加えて、煮汁を吸わせるように混ぜながら炒め煮にする。

冷蔵 3日 ｜ 冷凍 ✕　　甘辛

ゆでるのは春雨だけのお手軽さ
ヤムウンセン

材料（4～5人分）
- 春雨（乾燥）……… 50g
- ゆでえび ……… 80g
- 紫玉ねぎ ……… 1/2個
- きくらげ（乾燥）……… 3個
- 香菜（ざく切り）……… 1株
- にんにく（みじん切り）…… 1片分
- **A**
  - ナンプラー、レモン汁……… 各大さじ2
  - 砂糖 ……… 大さじ1
  - 赤唐辛子（輪切り）…… 1本分

作り方（⏲10分）
1. きくらげは水でもどし、ザルにあげて水けをきり、食べやすい大きさに切る。
2. 春雨は熱湯でゆでる。ゆでえび、きくらげをザルに入れておき、その上に春雨をゆでこぼす。春雨は半分の長さに切る。
3. 紫玉ねぎは薄切りにする。
4. ボウルに**A**を入れてよく混ぜ、にんにく、2、3、香菜を加えてあえる。

🥬➡🥔 **食材チェンジ**
香菜1株➡水菜適量、またはセロリ適量、またはせり適量

冷蔵 3日 ｜ 冷凍 ✕　　さっぱり

とっても便利！ 野菜の冷凍ストック

野菜をゆでたり、炒めてから冷凍すると、解凍してすぐ料理に使えるので便利！
ここでは冷凍ストック・アレンジレシピを紹介します。

マッシュポテト

じゃがいも2個は電子レンジ(600W)で1個ずつ3分加熱し、皮をむいて、つぶしてラップで小分けにして、保存袋に入れて冷凍する。

冷凍 1か月

レシピ❶ 明太ポテトサラダ

1. 解凍した**マッシュポテト2個分**に、マヨネーズ大さじ2、塩、こしょう各少々を加えて混ぜ合わせる。
2. 1に辛子明太子(ほぐす)2/3本、玉ねぎ(薄切り)1/6個、きゅうり(薄い輪切り)1/4本を加えて混ぜ合わせる。

レシピ❷ ポテトグラタン

1. 耐熱容器に解凍した**マッシュポテト2個分**、ミートソース(市販)130gの順に、層にして重ねる。
2. 1にミックスチーズ20gをのせて、オーブントースターでこんがりと焼く。

炒め玉ねぎ

玉ねぎ1個を薄切りにして、サラダ油を熱したフライパンでしんなりするまで炒め、冷まして保存袋に入れて冷凍する。

冷凍 3週間

レシピ❶ オニオンスープ

1. 鍋にバター大さじ1/2を熱し、解凍した**炒め玉ねぎ1個分**を入れて炒め、コンソメスープ400mlを加えて、中火でひと煮立ちさせる。
2. 器に盛り、パセリ(みじん切り)適量を散らす。

レシピ❷ オニオントースト

1. 食パン2枚に解凍した**炒め玉ねぎ1個分**を等分にのせ、スライスチーズ2枚をそれぞれのせる。
2. 1をオーブントースターでこんがりと焼く。

ゆでブロッコリー

ブロッコリー1/2株は小房に分け、茎は短冊切りにして15秒ほど塩ゆでし、冷まして保存袋に入れて冷凍する。

冷凍 1か月

レシピ❶ ブロッコリーのアンチョビー炒め

1. フライパンにアンチョビー(粗みじん切り)1枚を入れて、香りが立つまで弱火で炒める。
2. 1にバター10g、解凍した**ゆでブロッコリー1/2株分**を加えて、強火でさっと炒め合わせる。

レシピ❷ ブロッコリーの梅あえ

1. 解凍した**ゆでブロッコリー1/2株分**は、水けをきる。
2. 梅干し1個は包丁でたたき、めんつゆ(3倍濃縮)、黒すりごま各小さじ1と混ぜ合わせ、1を加えてあえる。

※分量は2人分で表記しています。※必ず生の食材を使い、再冷凍は避けてください。

冷凍ストックの解凍法

冷蔵庫で 時間があるときにおすすめ。朝、冷蔵庫に移しておけば夕方に調理できます。

常温で 冬は常温で解凍してもOK。水けが出てもよいように、バットなどの上で。

電子レンジで 電子レンジの解凍モードで生の状態に解凍する。

揚げなす

なす2本は輪切りにして160℃の揚げ油でカラッと揚げ、冷まして保存袋に入れて冷凍する。

冷凍 **1か月**

レシピ❶ なすの揚げびたし

1. 電子レンジで解凍し、温めた**揚げなす2本分**を、めんつゆ（ストレート）、おろししょうが各適量を混ぜ合わせたたれに漬ける。
2. 1を器に盛り、大根おろし、万能ねぎ（小口切り）各適量をのせる。

レシピ❷ なすのトマトパスタ

1. フライパンににんにく（薄切り）1/2片分、オリーブ油適量を熱し、トマトソース（市販）1缶、解凍した**揚げなす2本分**を加えて炒める。
2. ゆでたスパゲッティに1をかける。

ゆでほうれん草

ほうれん草1/2束は30秒ほどゆでて水にさらし、ラップで小分けにして、保存袋に入れて冷凍する。

冷凍 **1か月**

レシピ❶ ほうれん草と厚揚げのわさびじょうゆあえ

1. **ゆでほうれん草1/2束分**は解凍し、厚揚げ1/2枚は5mm幅に切る。
2. 1を耐熱容器に並べてオーブントースターで4〜5分焼き、練りわさび小さじ1/2、しょうゆ、みりん各小さじ1であえる。

レシピ❷ ほうれん草のクリーム煮

1. 鍋に牛乳100ml、生クリーム50ml、コンソメスープの素（固形）1個、塩、こしょう各少々を入れて中火にかける。
2. 1が煮立ったら、解凍した**ゆでほうれん草1/2束分**、ベーコン（短冊切り）2枚を加えてさっと火を通す。

ゆでアスパラガス

グリーンアスパラガス6本は根元の皮をむき、15秒ほどゆでて、ラップで小分けにして、保存袋に入れて冷凍する。

冷凍 **1か月**

レシピ❶ アスパラのピーナッツバターあえ

1. 解凍した**ゆでアスパラガス6本**は、水けをふきとり、食べやすい大きさに切る。
2. ボウルにピーナッツバター大さじ1と1/2、しょうゆ小さじ2/3を混ぜ合わせ、1を加えてあえる。

レシピ❷ アスパラのマスタードグリル

1. **ゆでアスパラガス6本**は、凍ったまま食べやすく切って耐熱容器にのせる。
2. 1に混ぜ合わせたマヨネーズ大さじ1、粒マスタード大さじ1/2をかけて、オーブントースターでこんがりと焼く。

温かいごはんに混ぜるだけ！
ごはんの素レシピ

チキンライスの素

冷蔵 **4日** ｜ 冷凍 **1か月**

作り方（4〜5人分）

1. 鶏もも肉大1枚（300g）は1.5cm角に切り、塩、こしょう各少々、白ワイン（または酒）大さじ1をもみ込む。玉ねぎ1/2個、ピーマン2個は1cm角に、にんじん1/3本は粗みじん切りにする。
2. フライパンにサラダ油大さじ1を中火で熱し、鶏肉、玉ねぎ、にんじんの順に入れて炒める。
3. 鶏肉に火が通り、玉ねぎがしんなりしたら、ピーマンを加えてさっと炒め、トマトケチャップ1/2カップ、しょうゆ大さじ1、塩、こしょう各適量を加えて炒め合わせる。

チキンライス（2人分）

ごはん茶碗2杯強、チキンライスの素1カップをよく混ぜ合わせる。

えびピラフの素

冷蔵 **3日** ｜ 冷凍 **1か月**

作り方（4〜5人分）

1. 玉ねぎ1/2個はみじん切りに、さやいんげん4本はすじを取って小口切りに、マッシュルーム小1缶は缶汁をきる。
2. フライパンにバター大さじ2を中火で熱し、1の玉ねぎをしんなりするまで炒め、むきえび250gを加えて、さっと炒め、塩、こしょう各少々をふる。
3. マッシュルーム、さやいんげん、白ワイン大さじ3、コンソメスープの素（顆粒）小さじ2を加えて炒め合わせ、塩、こしょう各適量で調味する。

えびピラフ（2人分）

ごはん茶碗2杯強、えびピラフの素1カップ、バター大さじ1、塩、こしょう各少々を混ぜ合わせる。

温かい白いごはんに混ぜるだけで、チキンライスやチャーハンがあっという間に完成！
お休みの日のブランチなどに便利です。

チャーハンの素

冷蔵 3日 ／ 冷凍 1か月

作り方（4〜5人分）

1. ロースハム6枚は1cm角に切り、長ねぎ1/2本、ザーサイ50gは粗みじん切りにする。
2. 溶き卵3個分に、塩少々を加え、サラダ油大さじ1を中火で熱したフライパンに流し入れて炒り卵を作り、取り出しておく。
3. 2のフライパンにごま油大さじ1を中火で熱し、1を入れて炒め、酒大さじ2、鶏がらスープの素（顆粒）大さじ1/2を加えてさらに炒め、2をもどし入れてさっと混ぜて、塩、こしょう各適量で調味する。

チャーハン（2人分）

ごはん茶碗2杯強、チャーハンの素1カップをよく混ぜ合わせる。

混ぜごはんの素

冷蔵 3日 ／ 冷凍 1か月

作り方（4〜5人分）

1. 油揚げ1枚は油抜きをして、細めの短冊切りに、にんじん1/2本は細切りに、しいたけ4枚は軸を除いて薄切りに、さやえんどう5枚はすじを取って斜め細切りにする。
2. フライパンに鶏ひき肉250g、酒大さじ1を入れて、かき混ぜながら中火で煮る。肉の色が変わったら、さやえんどう以外の1、めんつゆ（3倍濃縮）、水各大さじ3、おろししょうが小さじ1を入れて、ふたをして煮る。
3. 汁けがほとんどなくなったら、さやいんげんを加えてさっと煮る。

混ぜごはん（2人分）

ごはん茶碗2杯強、混ぜごはんの素1カップをよく混ぜ合わせる。

お湯を注いですぐに完成！
みそ玉・スープセットレシピ

ねぎと油揚げ

作り方（2人分）

1. 油揚げ1/2枚はオーブントースターでさっとあぶり、焦げ目がついたら短冊切りにする。
2. みそ小さじ4、和風だしの素（顆粒）小さじ1/2、長ねぎ（フリーズドライ）小さじ2、1をラップに半量ずつのせて包み、これを2つ作る。

冷蔵	冷凍
1週間	2か月

食べるとき

器にみそ玉を1つずつ入れ、熱湯を150mlずつ注ぎ、よく混ぜ合わせる。

ゆばとあおさのり

作り方（2人分）

みそ小さじ4、和風だしの素（顆粒）小さじ1/2、ゆば（乾燥）2g、あおさのり1gをラップに半量ずつのせて包み、これを2つ作る。

冷蔵	冷凍
1週間	2か月

食べるとき

器にみそ玉を1つずつ入れ、熱湯を150mlずつ注ぎ、よく混ぜ合わせる。

わかめと麩

作り方（2人分）

みそ小さじ4、和風だしの素（顆粒）小さじ1/2、わかめ（乾燥）2g、麩（乾燥）10個をラップに半量ずつのせて包み、これを2つ作る。

冷蔵	冷凍
1週間	2か月

食べるとき

器にみそ玉を1つずつ入れ、熱湯を150mlずつ注ぎ、よく混ぜ合わせる。

お湯を注ぐだけでみそ汁が作れるみそ玉や、調味料をプラスして仕上げるスープセットを作りおきしておけば、温かい汁ものがすぐに食べられます。

🍵 スープセット

キムチスープセット

作り方（2人分）

春菊2本は葉を摘み、白菜キムチ60gとともに保存容器に入れる。

冷蔵	冷凍
2日	×

🍵 食べるとき

スープセット、コチュジャン小さじ1、鶏がらスープの素（顆粒）小さじ1、白いりごま小さじ2を等分に器に入れ、熱湯を120mlずつ注ぎ、混ぜ合わせる。

トマトの塩麹スープセット

作り方（2人分）

プチトマト4個はヘタを取って半分に切り、ブロッコリー小6房はさっとゆで、冷まして保存容器に入れる。

冷蔵	冷凍
2日	2週間

🍵 食べるとき

スープセット、塩麹 大さじ1と1/3、コンソメスープの素（顆粒）小さじ1/2を等分に器に入れ、熱湯を120mlずつ注ぎ、混ぜ合わせる。

スパムのケチャップスープセット

作り方（2人分）

スパム40g、ピーマン1/2個は1cmの角切りにし、ホールコーン大さじ2とともに、保存容器に入れる。

冷蔵	冷凍
2日	2週間

🍵 食べるとき

スープセット、トマトケチャップ大さじ2、コンソメスープの素（顆粒）小さじ1/2を等分に器に入れ、熱湯を120mlずつ注ぎ、混ぜ合わせ、粗びき黒こしょう少々をふる。

作りおきしておくと超便利！
たれ・ソースレシピ

和風香味しょうゆだれ

冷蔵 **1か月**

作り方（作りやすい分量）

1. 長ねぎ1/2本、しょうが1/2片はみじん切りにしてボウルに入れる。
2. フライパンにごま油大さじ1/2を中火で熱して**1**を炒め、香りが出たらしょうゆ大さじ2、酒大さじ1、みりん大さじ1、酢大さじ1/2を入れてひと煮立ちさせる。保存する際は密閉容器に入れる。

甘辛しょうゆだれ

冷蔵 **1か月**

作り方（作りやすい分量）

1. ボウルにしょうゆ大さじ2、砂糖大さじ1と1/2、酒大さじ1、みりん大さじ1を入れて、よく混ぜ合わせる。
2. 保存する際は密閉容器に入れる。

ハニーマスタード

冷蔵 **1週間**

作り方（作りやすい分量）

1. ボウルにはちみつ大さじ2、粒マスタード大さじ2、しょうゆ大さじ1、マヨネーズ大さじ1、レモン汁小さじ2を入れて、よく混ぜ合わせる。
2. 保存する際は密閉容器に入れる。

ガーリックオリーブソルトだれ

冷蔵 **5日**

作り方（作りやすい分量）

1. ボウルにオリーブ油大さじ3、おろしにんにく大さじ1、塩小さじ1、粗びき黒こしょう小さじ1/2を入れて、よく混ぜ合わせる。
2. 保存する際は密閉容器に入れる。

蒸し野菜やゆでた肉、魚のソテーなどにかけるだけでごちそうに変身！
炒めものなどにも使えます。食材との相性は、P186を参考に。

ナンプラーだれ

冷蔵 1週間

作り方（作りやすい分量）

1. ボウルにナンプラー大さじ3、おろしにんにく小さじ1/2、砂糖小さじ1、レモン汁大さじ1を入れて、よく混ぜ合わせる。
2. 保存する際は密閉容器に入れる。

ねぎ塩ソース

冷蔵 5日

作り方（作りやすい分量）

1. 長ねぎ1/2本はみじん切りにしてボウルに入れる。
2. 1におろしにんにく1/2片分、ごま油大さじ1、レモン汁小さじ1、鶏がらスープの素（顆粒）小さじ1/2、塩小さじ1/6、白いりごま大さじ1/2、粗びき黒こしょう少々を加えてよく混ぜ合わせる。
3. 保存する際は密閉容器に入れる。

ごま酢だれ

冷蔵 1週間

作り方（作りやすい分量）

1. ボウルにしょうゆ大さじ2、酢大さじ2、砂糖大さじ1と1/2、ごま油大さじ1/2、白すりごま大さじ2を入れて、よく混ぜ合わせる。
2. 保存する際は密閉容器に入れる。

マヨだれ

冷蔵 5日

作り方（作りやすい分量）

1. ボウルにマヨネーズ大さじ2、めんつゆ（3倍濃縮）大さじ1を入れて、よく混ぜ合わせる。
2. 保存する際は密閉容器に入れる。

いろいろ使える！シンプル食材にかけて・からめて

たれ・ソース使い方一覧

P184-185で紹介した、たれ・ソースと相性のよい食材が、一覧表でまるわかり！
紹介した以外にも、サラダとあえたり、炒めものやパスタの味つけにと、いろいろ使えます。

◎ → 文句なしに相性ぴったり！　　○ → 便利な使い道　　△ → 意外に合う

	たれ	肉	魚介	野菜	その他
	和風香味しょうゆだれ	蒸し鶏・蒸し豚、しゃぶしゃぶに ◎	白身魚のソテー、フライに ○	豚しゃぶサラダ、揚げ野菜に ◎	冷奴、ゆで卵の漬け汁に ◎
	甘辛しょうゆだれ	照り焼き、焼き肉、肉巻きに ◎	魚の蒲焼きに ◎	きんぴら、煮ものに ◎	チャーハン、パスタの味つけに ○
	ハニーマスタード	牛・豚・鶏のソテーに ◎	白身魚、鮭のソテー、小えびのフリットに ○	ポテトサラダ、コールスローに ◎	トーストに △
	ガーリックオリーブソルトだれ	牛・豚・鶏のソテーに ◎	白身魚、鮭のソテーに ◎	温野菜サラダに ○	パスタの味つけに ◎
	ナンプラーだれ	鶏や豚の下味、ゆで豚に ◎	海鮮鍋のたれに ○	タイ風春雨サラダに ◎	オムレツの味つけに ○
	ねぎ塩ソース	焼き肉のたれ、から揚げに ◎	白身魚のソテー、フライに ○	温野菜とあえて ○	冷奴、パスタの味つけに △
	ごま酢だれ	焼き肉のたれ、しゃぶしゃぶに ◎	白身魚のソテー、フライに ○	焼き魚に ○	冷奴に △
	マヨだれ	蒸し鶏に ○	ツナ缶、さば缶とあえて ○	根菜サラダ、温野菜に ◎	卵サンドに ○

作りおきおかずの食べ方

まとめ作りしても食べきれずに腐らせてしまった、ということがないよう、
食べ方に気をつけるのもポイントです。

メインの食べ方

保存期間の冷凍に×が表示されているもの、鶏ひき肉や卵、味が薄めのものなど、比較的日持ちしにくいものから食べきりましょう。冷凍できるおかずは、作った直後に冷凍しておいても。

冷蔵 3日 ／ 冷凍 2週間 → 冷蔵 5日 ／ 冷凍 1か月

サブの食べ方

保存期間の冷凍に×が表示されているもの、葉野菜や生野菜など、比較的日持ちしにくいものから食べきりましょう。味が濃いめのもの、根菜類、加熱してあるものは、後回しに。

冷蔵 2日 ／ 冷凍 × → 冷蔵 4日 ／ 冷凍 1か月

温め直しのコツ

食べる分だけ器に盛り、電子レンジで加熱します。揚げものはオーブントースターや魚焼きグリルがおすすめ。加熱と冷蔵・冷凍を繰り返すと味が落ちるので避けましょう。

食べる人への伝え方

家族が選んで食べる場合は、冷蔵庫にメモを貼るなどして、優先して食べてほしいものや、温め方を伝えましょう。バランスよく食べられるよう、献立を提案してあげても。

素材・タイプ別さくいん

- 🟨 スピード
- 🟩 ヘルシー
- 🟦 長持ち
- 🟥 変身
- 🟢 サラダ・マリネ
- 🟦 めしとも
- 🟧 ボリューム
- 🟦 ラクラク

肉

鶏肉

- 🟨 青のりチーズピカタ ……………… 32
- 🟨 ココナッツカレー ………………… 38
- 🟨 ごまみそチキン …………………… 36
- 🟨 チキンのピザ焼き ………………… 28
- 🟨 鶏ささみのマヨ七味焼き ………… 34
- 🟨 鶏のおかかパン粉焼き …………… 30
- 🟨 油淋鶏 ……………………………… 26
- 🟩 カレー風味の炒り豆腐 …………… 94
- 🟩 チキンカチャトラ ………………… 26
- 🟩 チキンのエスカベッシュ ………… 32
- 🟩 手羽先の中華煮 …………………… 36
- 🟩 手羽元のさっぱり煮 ……………… 38
- 🟩 鶏とごぼうのポン酢あえ ………… 30
- 🟩 鶏とこんにゃくのきんぴら ……… 28
- 🟩 ボリュームナムル ………………… 34
- 🟦 チキンのハニーレモン …………… 27
- 🟦 手羽先揚げ名古屋風 ……………… 37
- 🟦 とり天 ……………………………… 35
- 🟦 鶏肉とピーマンの
  　カシューナッツ炒め …………… 33
- 🟦 鶏肉の甘酢あん …………………… 31
- 🟦 鶏肉のピーナッツバター焼き …… 29
- 🟦 ヤンニョムチキン ………………… 39
- 🟦 グリルチキン ……………………… 33
- 🟦 ささみのコンフィ ………………… 35
- 🟥 チキンのクリーム煮 ……………… 29
- 🟥 手羽先の南蛮酢漬け ……………… 37
- 🟥 手羽元と春雨のスープ煮 ………… 39
- 🟥 鶏肉のBBQ照り焼き ……………… 27
- 🟥 鶏ハム ……………………………… 31
- 🟥 れんこんと鶏肉の炒め南蛮 …… 150
- 🟧 きゅうりと鶏の炒めもの ……… 125
- 🟧 ごぼうとささみの甘辛揚げ …… 149
- 🟧 ダッカルビ ……………………… 131
- 🟦 玉ねぎとささみの
  　ゆずこしょうあえ ……………… 105

豚肉

- 🟨 スピード回鍋肉 …………………… 54
- 🟨 速攻ステーキ ……………………… 48
- 🟨 肉豆腐 ……………………………… 46
- 🟨 ピリ辛しょうが焼き ……………… 50
- 🟨 豚肉のごま団子 …………………… 42
- 🟨 ポークスティックのスイートチリ … 52
- 🟨 ポークチャップ …………………… 44
- 🟨 カレーポークのサルサソース …… 50
- 🟨 すし酢酢豚 ………………………… 52
- 🟨 パプリカのチーズ巻き …………… 48
- 🟩 豚こまと厚揚げのガドガド ……… 44
- 🟩 豚と根菜の煮もの ………………… 46
- 🟩 ポトフ ……………………………… 54
- 🟩 れんこんと豚こまの甘辛炒め …… 42
- 🟩 うずら卵の肉巻き ………………… 97
- 🟩 クーブイリチー …………………… 43
- 🟩 スタミナ塩から揚げ ……………… 45
- 🟩 台湾風肉そぼろ …………………… 55
- 🟩 トンテキ …………………………… 51
- 🟩 なんちゃって豚角煮 ……………… 49
- 🟩 ひと口みそカツ …………………… 53
- 🟦 マヨミルフィーユカツ …………… 47
- 🟦 しそつくね ………………………… 43
- 🟦 豚しゃぶバンバンジー …………… 47
- 🟥 豚とにんじんの細切りそぼろ …… 45
- 🟥 豚肉のにんにく塩煮 ……………… 49
- 🟥 豚の竜田揚げ ……………………… 51
- 🟥 ポークソテー ……………………… 53
- 🟥 和風チャーシュー ………………… 55
- 🟥 さつまいもと豚肉の
  　ハニーマスタード炒め ……… 153

牛肉

- 🟨 クイックストロガノフ …………… 60
- 🟨 ごろっと青椒肉絲 ………………… 58
- 🟨 ミラノ風カツレツ ………………… 62
- 🟩 牛すじと大根のおでん …………… 62
- 🟩 牛肉と里いもの煮もの …………… 60
- 🟩 牛肉のタイ風サラダ ……………… 58
- 🟩 牛大和煮 …………………………… 63
- 🟩 トッカルビ ………………………… 59
- 🟩 れんこんと牛肉のバルサミコ炒め … 61
- 🟥 牛肉のすき煮 ……………………… 59
- 🟥 牛の赤ワイン煮 …………………… 63

- 🟥 プルコギ風肉炒め ………………… 61

ひき肉

- 🟨 トマト麻婆豆腐 …………………… 94
- 🟨 ひき肉と春雨の炒め煮 …………… 56
- 🟨 フライパンのし鶏 ………………… 40
- 🟨 レンジキーマカレー ……………… 64
- 🟩 エスニックオムレツ ……………… 96
- 🟩 ガパオそぼろ ……………………… 40
- 🟩 トマトのチリコンカン …………… 56
- 🟩 ロールキャベツ風
  　煮込みハンバーグ ……………… 64
- 🟦 おかずチヂミ ……………………… 65
- 🟦 きつね焼き ………………………… 41
- 🟦 中華卵焼き ………………………… 57
- 🟥 鶏団子 ……………………………… 41
- 🟥 フライパンミートローフ ………… 65
- 🟥 麻婆あん …………………………… 57

ウインナー・ベーコン

- 🟨 ベーコンとパイナップルの
  　黒こしょう焼き ………………… 66
- 🟦 ソーセージのイタリアンロール … 67
- 🟩 ソーセージとじゃがいもの
  　サブジ風 ………………………… 66
- 🟥 ベーコンときのこのアヒージョ … 67

魚介類

鮭

- 🟨 鮭のみそ照り焼き ………………… 70
- 🟩 鮭のエスニックマリネ …………… 70
- 🟦 鮭とじゃがいものオイル煮 ……… 71
- 🟥 鮭のオニオン漬け焼き …………… 71

あじ

- 🟨 あじのトマトレモン煮 …………… 72
- 🟩 あじのカレー南蛮 ………………… 72
- 🟦 あじのコンフィ …………………… 73
- 🟥 あじのリエット …………………… 73

ぶり

- 🟨 ぶりのしょうが照り焼き ………… 74
- 🟩 ぶりと大根のコチュジャン煮 …… 74
- 🟦 ぶりの角煮 ………………………… 75
- 🟥 ぶりのにんにく竜田揚げ ………… 75

たら
- 🟡 たらのスイートチリ炒め …… 76
- 🟢 たらのレモンサラダ …… 76
- 🔵 たらのマスタードマヨ焼き …… 77
- 🔴 たらの塩昆布蒸し …… 77

めかじき
- 🟡 かじきの梅しそソテー …… 78
- 🟢 かじきとアスパラの
  オイスターソース炒め …… 78
- 🔵 かじきのカレームニエル …… 79
- 🔴 かじきの竜田揚げ …… 79

さんま
- 🟡 さんまの照り焼き山椒風味 …… 80
- 🟢 さんまのごま焼き香味野菜あえ …… 80
- 🔵 さんまコロッケ …… 81
- 🔴 さんまのバジル焼き …… 81

さば
- 🟡 塩さばのピリ辛ねぎソース …… 82
- 🟢 さばの甘酢漬け …… 82
- 🔵 さば団子 …… 83
- 🔴 焼きしめさば …… 83

いか
- 🟡 いかのわさびじょうゆ漬け焼き …… 84
- 🟢 いかとアスパラの塩にんにく炒め …… 84
- 🔵 いかと彩り野菜の南蛮漬け …… 85
- 🔴 いかのこっくり煮 …… 85

えび
- 🟡 えびのケチャップ照り焼き …… 86
- 🟢 えびのれんこんはさみ焼き …… 86
- 🔵 えびのマスタードマリネ …… 87
- 🔴 えびのハーブグリル …… 87
- 🟢 かぶとえびのすし酢マリネ …… 134
- 🟢 ほうれん草のエスニックサラダ …… 136
- 🔵 ヤムウンセン …… 177

ゆでだこ・貝類
- 🟡 たこのガリシア風 …… 88
- 🟢 あさりとキャベツの酒蒸し …… 88
- 🔵 ほたてときのこの甘辛煮 …… 89
- 🔴 たこのスパイシー揚げ …… 89
- 🩷 小松菜とほたての辛子酢みそあえ …141

- 🩷 ブロッコリーとたこの
  ペペロンチーノ …… 111

ツナ
- 🟡 ツナの青椒肉絲 …… 92
- 🟢 ツナと白菜のミニ春巻き …… 92
- 🔵 ツナのラタトゥイユ …… 93
- 🔴 ツナのみそチーズ焼き …… 93
- 🟢 海藻ときゅうりのツナマリネ …… 172
- 🩷 ほうれん草とツナのクリーム煮 …… 139
- 🩷 れんこんとツナのカレー炒め …… 151
- 🟡 ツナピーマン …… 121
- 🩷 水菜とツナのマヨポンあえ …… 143

卵

- 🟡 コンビーフとさやえんどうの
  卵炒め …… 96
- 🟢 エスニックオムレツ …… 96
- 🔵 うずら卵の肉巻き …… 97
- 🔵 中華風卵焼き …… 57
- 🔴 卵のきんちゃく煮 …… 97
- 🟢 ミモザ風コールスロー …… 108
- 🩷 切り干し大根のオムレツ …… 171
- 🩷 トマトオムレツ …… 113
- 🟡 にんじんしりしり …… 101
- 🔵 玉ねぎとコンビーフの卵とじ …… 107

大豆・大豆製品

豆腐
- 🟡 トマト麻婆豆腐 …… 94
- 🟡 肉豆腐 …… 46
- 🔵 カレー風味の炒り豆腐 …… 94
- 🟢 豆腐の塩麹から揚げ …… 95
- 🔴 豆腐ハンバーグ …… 95
- 🟡 アスパラの白あえ …… 114

大豆製品
- 🟢 豚こまと厚揚げのガドガド …… 44
- 🟢 きつね焼き …… 41
- 🩷 なんちゃって豚角煮 …… 49
- 🔴 卵のきんちゃく煮 …… 97
- 🟢 香ばし油揚げと水菜の和風サラダ
   …… 164

- 🩷 高野豆腐のコンソメ煮 …… 164
- 🩷 にんじんと大根の信田煮 …… 100
- 🩷 オクラ納豆きんちゃく …… 127
- 🩷 キャベツと厚揚げのアラビアータ …109
- 🩷 ごまじゃこ大豆 …… 165
- 🩷 里いもと高野豆腐の煮もの …… 157
- 🩷 にんじんと厚揚げの土佐煮 …… 103
- 🩷 厚揚げのにんにくおかか炒め …… 165

その他豆類
- 🟢 トマトのチリコンカン …… 56
- 🟠 きのこと豆のサラダ …… 162
- 🟢 きゅうりと枝豆のサラダ …… 124
- 🟢 そら豆のハーブマリネ …… 166
- 🟢 グリーンピースの翡翠煮 …… 166
- 🩷 ポークビーンズ …… 167
- 🔵 焼き枝豆 …… 167

野菜

オクラ
- 🟢 オクラとたこのキムチサラダ …… 126
- 🟠 オクラとエリンギのカレー炒め …… 126
- 🔵 長いもとオクラのだし漬け …… 158
- 🩷 オクラ納豆きんちゃく …… 127
- 🔵 オクラのごまよごし …… 127

かぶ
- 🟢 かぶとえびのすし酢マリネ …… 134
- 🟠 かぶと豚肉のしょうが焼き …… 134
- 🩷 かぶの塩麻婆 …… 135
- 🩷 かぶの梅おかかマヨあえ …… 135

かぼちゃ
- 🟢 かぼちゃとさつまいものサラダ …118
- 🟠 かぼちゃもち …… 118
- 🟠 パプリカとかぼちゃの
  揚げびたし …… 122
- 🩷 肉かぼちゃ …… 119
- 🟢 かぼちゃひじき炒め …… 119

キャベツ
- 🟡 スピード回鍋肉 …… 54
- 🟢 あさりとキャベツの酒蒸し …… 88
- 🟢 ロールキャベツ風煮込みハンバーグ
   …… 64

189

- 🟢 小松菜とキャベツの
  レモンマスタードマリネ……140
- 🟢 ミモザ風コールスロー……108
- 🟠 キャベツのたらこ炒め……108
- 🔴 キャベツと厚揚げのアラビアータ……109
- 🟣 キャベツの春雨炒め……177
- 🔵 キャベツのくるみみそあえ……109

きゅうり
- 🟢 きゅうりと枝豆のサラダ……124
- 🟠 おつまみきゅうり……124
- 🟣 きゅうりと鶏の炒めもの……125
- 🔵 きゅうりのみそもみ……125

グリーンアスパラガス
- 🟢 いかとアスパラの塩にんにく炒め…84
- 🟢 かじきとアスパラの
  オイスターソース炒め……78
- 🟢 アスパラとマカロニのサラダ……114
- 🟠 アスパラの白あえ……114
- 🔴 アスパラ肉巻きちくわ……115
- 🔵 アスパラの昆布漬け……115

ごぼう
- 🟢 鶏とごぼうのポン酢あえ……30
- 🟢 たたきごぼうの
  ゆずこしょうマリネ……148
- 🟠 きんぴらごぼう……148
- 🔴 ごぼうとささみの甘辛揚げ……149
- 🟠 ごぼうとにんじんのみそ漬け……149

小松菜
- 🟢 小松菜とキャベツの
  レモンマスタードマリネ……140
- 🟠 小松菜とパプリカの
  オイスター炒め……140
- 🔴 小松菜とほたての
  辛子酢みそあえ……141
- 🔵 小松菜のピーナッツあえ……141

大根
- 🟢 牛すじと大根のおでん……62
- 🟢 ぶりと大根のコチュジャン煮……74
- 🟢 大根のレモンロールマリネ……132
- 🟠 大根のべっこう煮……132
- 🟠 にんじんと大根の信田煮……100
- 🔴 コンソメ大根……133
- 🔵 バター大根きんぴら……133

玉ねぎ
- 🟢 玉ねぎとカリフラワーの
  カレーマリネ……106
- 🟢 玉ねぎと生ハムのレモンサラダ……104
- 🟠 玉ねぎとしいたけの南蛮漬け……106
- 🟠 玉ねぎのおひたし……104
- 🔴 玉ねぎとささみのゆずこしょうあえ……105
- 🔴 まるごと玉ねぎのトマト煮込み……107
- 🟠 玉ねぎとコンビーフの卵とじ……107
- 🔵 玉ねぎの塩昆布蒸し……105

トマト・プチトマト
- 🟡 トマト麻婆豆腐……94
- 🟡 レンジキーマカレー……64
- 🟢 ツナのラタトゥイユ……93
- 🟢 トマトの青じそマリネ……112
- 🟢 焼きなすのイタリアンマリネ……116
- 🟠 トマトのだし煮……112
- 🟠 トマトオムレツ……113
- 🔵 プチトマトのガーリックあえ……113

長ねぎ
- 🟢 焼きねぎの
  ころころ焦がしマリネ……130
- 🟠 ねぎのとろとろ煮……130
- 🔴 ダッカルビ……131
- 🔵 長ねぎとわかめのぬた……131

なす
- 🟢 焼きなすのイタリアンマリネ……116
- 🟠 なすとパプリカのみそ炒め……116
- 🔴 なすのハーブカツ……117
- 🔵 なすのくるくる巻き……117

にんじん
- 🔴 豚とにんじんの細切りそぼろ……45
- 🟢 オレンジキャロット……102
- 🟢 にんじんの浅漬け風
  スティックサラダ……100
- 🟠 きんぴらごぼう……148
- 🟠 にんじんと大根の信田煮……100
- 🟠 にんじんの刻み昆布煮……102
- 🔴 にんじんしりしり……101
- 🔴 にんじんと厚揚げの土佐煮……103
- 🟠 ごぼうとにんじんのみそ漬け……149
- 🟠 にんじんとしめじのきんぴら……101
- 🔵 にんじんとれんこんの
  すっぱ炒め……103

白菜
- 🟢 ツナと白菜のミニ春巻き……92
- 🟢 白菜のマリネ……144
- 🟠 白菜のとろみ炒め……144
- 🔴 白菜とベーコンのスープ煮……145
- 🔵 浅漬けゆず白菜……145

パプリカ
- 🟢 パプリカのチーズ巻き……48
- 🟢 パプリカとセロリのマリネ……122
- 🟠 小松菜とパプリカの
  オイスター炒め……140
- 🟠 なすとパプリカのみそ炒め……116
- 🔴 パプリカとかぼちゃの揚げびたし……122
- 🔴 パプリカとかじきの香味炒め……123
- 🔵 パプリカと豆のごまマヨあえ……123

ピーマン
- 🟡 ごろっと青椒肉絲……58
- 🟡 たらのスイートチリ炒め……76
- 🟢 ツナの青椒肉絲……92
- 🟢 すし酢酢豚……52
- 🟢 チキンカチャトラ……26
- 🟢 鶏肉とピーマンの
  カシューナッツ炒め……33
- 🟢 ピーマンの塩昆布サラダ……120
- 🟠 まるごとピーマンのくたくた煮……120
- 🔴 ピーマンといかのオイスター炒め……121
- 🔵 ツナピーマン……121

ブロッコリー
- 🟢 つぶつぶブロッコリーポテサラ……110
- 🟢 ブロッコリーののびたし……110
- 🔴 ブロッコリーとたこの
  ペペロンチーノ……111
- 🔵 ブロッコリーのじゃこあえ……111

ほうれん草
- 🟢 ほうれん草のエスニックサラダ……136
- 🟢 ほうれん草のマスタードマリネ……138
- 🟠 ほうれん草としらたきの
  じゃこ炒め……136

190　🟡 スピード　🟢 ヘルシー　🟢 長持ち　🔴 変身　🟢 サラダ・マリネ　🟠 めしとも　🔴 ボリューム　🔵 ラクラク

- ほうれん草とちくわの
  バターしょうゆ炒め ……… 138
- ほうれん草とサーモンの
  カリカリキッシュ ……… 137
- ほうれん草とツナのクリーム煮 139
- ほうれん草とかにかまのナムル 137
- ほうれん草のチーズあえ ……… 139

水菜
- 香ばし油揚げと水菜の
  和風サラダ ……… 164
- 水菜のゆずこしょうサラダ …… 142
- 水菜と切り干し大根の浅漬け … 142
- 水菜と鶏肉のごまあえ ……… 143
- 水菜とツナのマヨポンあえ …… 143

もやし
- もやしの中華サラダ ……… 128
- もやしの佃煮 ……… 128
- もやしの青じそつくね ……… 129
- もやしと豆苗のしょうがあえ … 129
- わかめともやしの中華炒め …… 173

レタス
- レタスの甘酢マリネ ……… 146
- レタスとわかめのナムル ……… 146
- レタスとベーコンの
  カレー煮びたし ……… 147
- 塩もみレタス ……… 147

れんこん
- えびのれんこんはさみ焼き …… 86
- 豚と根菜の煮もの ……… 46
- れんこんと豚こまの甘辛炒め … 42
- れんこんと牛肉のバルサミコ炒め 61
- れんこんとひじきのごまサラダ … 150
- れんこんと鶏肉の炒め南蛮 …… 150
- れんこんとツナのカレー炒め … 151
- にんじんとれんこんのすっぱ炒め 103
- れんこんのピクルス ……… 151

いも類

さつまいも
- かぼちゃとさつまいものサラダ … 118
- さつまいもとりんごのサラダ … 152
- さつまいもとベーコンのきんぴら 152
- さつまいもと豚肉の
  ハニーマスタード炒め ……… 153
- さつまいものレモン煮 ……… 153

里いも
- 牛肉と里いもの煮もの ……… 60
- 里いものたらこクリームサラダ 156
- 里いもの揚げだし ……… 156
- 里いもと高野豆腐の煮もの …… 157
- 里いもの照り焼き ……… 157

じゃがいも
- ソーセージとじゃがいもの
  サブジ風 ……… 66
- 鮭とじゃがいものオイル煮 …… 71
- さんまコロッケ ……… 81
- つぶつぶブロッコリーポテサラ 110
- まろやかポテトサラダ ……… 154
- じゃがいもの甘辛みそがらめ … 154
- ジャーマンポテト ……… 155
- じゃがいものビネガー炒め …… 155

長いも
- 刺身こんにゃくと長いもの
  中華マリネ ……… 174
- 長いもの和風マリネ ……… 158
- 長いもとオクラのだし漬け …… 158
- 長いもとベーコンのペッパー炒め 159
- 長いものレモンあえ ……… 159

きのこ
- ほたてときのこの甘辛煮 ……… 89
- ベーコンときのこのアヒージョ 67
- エリンギの炒めマリネ ……… 160
- きのこと豆のサラダ ……… 162
- オクラとエリンギのカレー炒め 126
- きのこといんげんの
  オイスターソース炒め ……… 160
- たっぷりきのこと野菜のトマト煮 162
- 玉ねぎとしいたけの南蛮漬け … 106
- きのこと牛肉のしぐれ煮 ……… 163
- しめじとベーコンの
  バルサミコソテー ……… 161
- きのこのバターしょうゆ ……… 163
- 酒蒸し塩きのこ ……… 161
- にんじんとしめじのきんぴら … 101

その他

切り干し大根
- エスニックオムレツ ……… 96
- 切り干し大根のサラダ ……… 170
- 切り干し大根の煮もの ……… 170
- 水菜と切り干し大根の浅漬け … 142
- 切り干し大根のオムレツ ……… 171
- 切り干しキムチ ……… 171

昆布・わかめ
- 海藻ときゅうりのツナマリネ … 172
- 刻み昆布のさっと煮 ……… 172
- にんじんの刻み昆布煮 ……… 102
- レタスとわかめのナムル ……… 146
- いわし昆布巻き ……… 173
- 長ねぎとわかめのぬた ……… 131
- わかめともやしの中華炒め …… 173

春雨
- ひき肉と春雨の炒め煮 ……… 56
- 手羽元と春雨のスープ煮 ……… 39
- バンサンスー ……… 176
- 麻婆春雨 ……… 176
- キャベツの春雨炒め ……… 177
- ヤムウンセン ……… 177

ひじき
- ひじきの梅サラダ ……… 168
- れんこんとひじきのごまサラダ 150
- ひじきの炒め煮 ……… 168
- ひじきバーグ ……… 169
- かぼちゃひじき炒め ……… 119
- ひじきのごまあえ ……… 169

こんにゃく・しらたき
- 鶏とこんにゃくのきんぴら …… 28
- 刺身こんにゃくと長いもの
  中華マリネ ……… 174
- こんにゃくのピリ辛炒め ……… 174
- ほうれん草としらたきの
  じゃこ炒め ……… 136
- こんにゃくチャプチェ ……… 175
- しらたきのペペロンチーノ …… 175

料理	茂木亜希子　原山早織　内山由香（食のスタジオ）、足達芳恵、矢島南弥子、宮川弓
スタイリング	栗田美香
撮影	盛谷嘉主輔　中川朋和（ミノワスタジオ）、古島万理子
撮影協力	野田琺瑯、オークス
イラスト	ナカオテッペイ
デザイン	髙橋朱里　菅谷真理子（マルサンカク）
DTP	秀文社
校正	草樹社
編集協力	髙津杏子（食のスタジオ）、根岸絹恵、森下紗綾香

組み合わせ自由自在 作りおきおかず374

2017年4月25日発行　第1版
2022年2月25日発行　第1版　第10刷

編　者	食のスタジオ
発行者	若松和紀
発行所	株式会社 西東社 〒113-0034　東京都文京区湯島2-3-13 https://www.seitosha.co.jp/ 電話03-5800-3120（代）

※本書に記載のない内容のご質問や著者等の連絡先につきましては、お答えできかねます。

落丁・乱丁本は、小社「営業部」宛にご送付ください。送料小社負担にてお取り替えいたします。
本書の内容の一部あるいは全部を無断で複製（コピー・データファイル化すること）、転載（ウェブサイト・ブログ等の電子メディアも含む）することは、法律で認められた場合を除き、著作者及び出版社の権利を侵害することになります。代行業者等の第三者に依頼して本書を電子データ化することも認められておりません。

ISBN 978-4-7916-2551-2